高职英语课程思政实施路径研究

高 英 著

东北大学出版社

·沈 阳·

图书在版编目（CIP）数据

高职英语课程思政实施路径研究／高英著. -- 沈阳：

东北大学出版社，2024.9. -- ISBN 978-7-5517-3599-5

Ⅰ. G711

中国国家版本馆 CIP 数据核字第 2024VN4386 号

出　版　者：东北大学出版社
　　　　　　地址：沈阳市和平区文化路三号巷 11 号
　　　　　　邮编：110819
　　　　　　电话：024-83683655（总编室）
　　　　　　　　　024-83687331（营销部）
　　　　　　网址：http://press.neu.edu.cn
印　刷　者：沈阳文彩印务有限公司
发　行　者：东北大学出版社
幅面尺寸：185 mm×260 mm
印　　张：8.25
字　　数：148 千字
出版时间：2024 年 9 月第 1 版
印刷时间：2024 年 9 月第 1 次印刷
责任编辑：项　阳
责任校对：白松艳
封面设计：潘正一
责任出版：初　茗

ISBN 978-7-5517-3599-5　　　　　　　　　　定　价：45.00 元

前　言

随着全球化的深入发展，英语作为国际交流的重要工具，在教学中的地位愈发凸显。对于高等职业教育而言，英语教学不仅仅培养语言技能和传授语言知识，更承载着培养具有高尚道德情操、坚定理想信念和广阔国际视野的高素质人才的重要使命。高职英语课程思政的实施，不仅有助于提高学生的语言技能水平，更能培养学生的家国情怀、政治认同、道德修养和文化素养。通过学习英语课程，学生能够更好地理解和传播中国文化，增强文化自信，同时能更加客观地看待世界，培养跨文化交流的能力。因此，高职英语课程思政的实施，对于培养新时代的高素质人才具有重要意义。

本书从高职英语教学概述入手，分析了高职英语教学中的德育浸润、高职英语课程思政的理论基础、高职英语课程思政的实施策略，探索了高职英语课程思政的实践应用。希望通过本书的介绍，能够为读者在高职英语课程思政实施路径研究方面提供帮助。

本书主要汇集了笔者在工作、实践中取得的一些研究成果。在本书撰写过程中，笔者参阅了相关文献资料，在此谨向其作者深表感谢。

由于笔者水平有限，本书中错误或缺点在所难免，希望得到读者的批评指正，并衷心希望同行不吝赐教。

高　英

2024 年 7 月

目　录

第一章　高职英语教学概述 ……………………………………………… 1

第一节　高职英语教学的目标、特点、课程设置及其重要性 ……………… 1

第二节　高职英语教学的原则 ………………………………………… 10

第三节　高职英语教学的方法 ………………………………………… 22

第二章　高职英语教学中的德育浸润 ………………………………… 35

第一节　高职英语语言知识传授中的德育浸润 ……………………… 35

第二节　高职英语语言能力培养中的德育浸润 ……………………… 45

第三节　高职英语交际能力培养中的德育浸润 ……………………… 55

第三章　高职英语课程思政的理论基础 ……………………………… 63

第一节　高职英语课程思政概述 ……………………………………… 63

第二节　高职英语开展课程思政教育的必要性和可行性 …………… 70

第三节　高职英语开展课程思政教育的原则 ………………………… 81

第四章　高职英语课程思政的实施策略 ……………………………… 89

第一节　高职英语课程思政育人目标的制定 ………………………… 89

第二节　高职英语课程思政教育资源的开发 ………………………… 96

第三节　高职英语教师德育能力的提升 …………………………… 103

第五章　高职英语课程思政的实践应用 …………………………… 115

第一节　高职英语课堂教学中的思政元素 ………………………… 115

第二节　高职英语课外活动中的思政教育实践 …………………… 120

参考文献 …………………………………………………………… 126

第一章　高职英语教学概述

第一节　高职英语教学的目标、特点、课程设置及其重要性

一、高职英语教学的目标

（一）语言能力培养

高职英语教学的首要目标是培养学生实际运用英语的能力，这是适应职业需求、提升就业竞争力的关键。语言作为交流和思维的工具，只有在实践中不断运用，才能真正习得和内化。因此，高职英语教学必须突破传统的"以教师为中心"的模式，转向"以学生为中心"，创设丰富多样的语言实践情景，引导学生在听、说、读、写等方面积极使用英语，在学以致用中提高语言运用能力。

高职英语教学应注重培养学生在日常生活和职场情景中运用英语进行有效沟通的能力。教师可以设计贴近学生生活和未来职业的任务情景，如电话交谈、接待客户、商务谈判等，让学生通过角色扮演、小组合作等方式，在模拟情景中锻炼英语口语表达和人际交往能力。同时，教师还应加强听力训练，选取真实的语音语料，如英语新闻广播、职场对话等，提高学生在真实语境中理解和捕捉信息的能力。

在培养英语应用能力过程中，教师要特别关注学生在语法、词汇、语用等方面存在的薄弱环节。通过有针对性的讲解和训练，帮助学生掌握正确、得体的表达方式，克服母语负迁移的影响。例如，可以针对中国学生普遍存在的语法错误进行归纳总结，通过对比分析加深学生的理解和记忆；又如，可以通过情景对话、短剧表演等方式，让学生掌握在不同语境下得体地运用语言的策略。

（二）职业素养提升

高职英语教学不仅要传授语言知识和技能，更要注重培养学生的职业素养。这就要求教学内容必须紧密结合学生未来的职业需求，强化英语在职业发展中

的实际应用能力。

职业素养是指从业者在职业活动中表现出的综合品质和能力，包括职业道德、职业技能、职业态度等多个方面。对于高职学生而言，良好的职业素养是其成功就业和职业发展的关键。在英语教学中融入职业素养的培养，能够帮助学生树立正确的职业价值观，提高职业适应能力，为未来职业发展奠定坚实的基础。

高职英语教学应从以下几个方面着手，加强职业素养的培育。

1. 选取职场真实语料，设计贴近职业情景的教学活动

教师可以收集企业情景对话、商务信函、产品说明书等真实语料，引导学生在模拟职业情景中学习和运用英语。例如，在学习求职面试相关内容时，教师可以组织模拟面试活动，让学生扮演求职者和面试官的角色，练习用英语进行自我介绍、回答提问等。这种沉浸式、体验式的学习方式，能够增强教学的针对性和实效性，使学生掌握职场英语沟通的实战技巧。

2. 融入职业素质教育，培养学生的职业意识和职业行为习惯

英语教学不能局限于语言本身，还应该成为职业素质教育的重要载体。教师应充分挖掘教材中的职业教育元素，有机融入职业道德、职业责任、团队意识等方面的内容。例如，在学习合作沟通类话题时，教师可以通过小组讨论、案例分析等方式，引导学生思考在跨文化职场交往中应该遵循哪些原则，培养其尊重、包容、平等的职业价值理念。

3. 开展校企合作，为学生提供真实的职场语言实践机会

学校应积极与企业建立合作关系，为学生创造在真实职场环境中运用英语的机会。例如，学校可以与外资企业或跨国公司开展合作，定期组织学生参观、实习，让其亲身体验职场英语沟通的要求和挑战；也可以邀请企业专家、外籍员工来校开展讲座或交流，分享职场英语沟通的经验和技巧。这些活动不仅能够拓宽学生视野，增强其学习兴趣，更能让其切身感受到英语在职场中的重要性，提高职业语言能力。

（三）文化意识培育

文化意识培育是高职英语教学的重要目标之一。在全球化背景下，深入了解英语国家的文化对于学生未来的职业发展和跨文化交流具有重要意义。通过

英语教学，教师不仅要帮助学生掌握语言知识和技能，更要引导其感知、理解和欣赏英语国家的文化，培养其国际视野和文化意识。

英语国家文化内容的选择和呈现是文化意识培育的关键。教师应根据学生的专业特点和认知水平，有针对性地选取体现英语国家文化特色的素材，如文学作品、历史典故、风俗习惯、价值观念等。在教学过程中，教师要引导学生从不同的角度分析和解读这些文化内容，揭示其深层次的意义和内涵。同时，教师还应创设多样化的教学情景，如角色扮演、情景模拟等，让学生在具体的语境中体验和感悟异国文化，增强其文化理解和包容能力。

比较分析是提升学生文化意识的有效方式。教师可以引导学生将英语国家文化与本国文化进行对比，分析两者的异同点，探讨形成差异的历史渊源和社会原因。在比较过程中，学生能够更加清晰地认识到不同文化的特点和内在逻辑，从而消除偏见和成见，树立客观、理性的文化观。此外，通过比较分析，学生还能认清本国文化的优势，增强文化自信和民族认同感。

开展丰富多彩的课外文化活动也是培育学生文化意识的重要途径。教师可以组织学生参加与英语国家文化相关的主题讲座、影视欣赏、诗歌朗诵等活动，拓宽其文化视野。学生还可以利用网络资源，如外文网站、社交媒体等，与英语国家的同龄人开展跨文化交流，亲身体验异国文化的魅力。这些活动不仅能够激发学生学习英语的兴趣，更能促进其文化素养的提升，为其未来的跨文化交往奠定基础。

二、高职英语教学的特点

（一）实用性

高职英语教学的实用性体现在其侧重于英语在职业场景中的具体应用。相比于普通高等教育中的英语教学，高职英语教学更加强调语言运用能力的培养，旨在使学生能够灵活地运用英语处理与未来职业相关的各种实际问题。这种实用性导向，不仅反映在教学目标的设置上，更深刻影响着教学内容选择、教学方法设计等各个环节。

在教学内容选择方面，高职英语教学往往围绕职场情景展开。教师会精心设计与学生未来职业密切相关的语言任务，如撰写商务邮件、参加业务谈判、接待外国客户等，引导学生在模拟职业情景中学习和运用英语。通过将语言学习与职业应用紧密结合，学生不仅能掌握必要的语言知识，更能提升在真实工作场合中运用英语的综合能力。

在教学方法设计方面，高职英语教学更加强调以学生为中心、注重实践体验的特点。教师往往采用情景教学、任务驱动教学、案例分析等方法，为学生创设贴近真实职业环境的学习情景。在教学过程中，教师更多地充当引导者和促进者的角色，鼓励学生主动参与、积极思考、勇于实践。学生通过完成一个个真实的语言任务，在实践中强化语言运用能力，提升职业英语素养。

为了进一步地强化英语教学的实用性，高职院校还积极拓展校企合作、工学结合的渠道。通过与企业联合开发课程、共建实训基地等方式，高职英语教学能够更加贴近行业需求，使学生及早接触职场英语应用环境。学生参与企业实习、项目实训等活动，能够在真实的职业语境中锻炼英语交际能力，积累宝贵的实践经验。

（二）专业性

高职英语教学中的专业性体现在英语教学内容与专业课程的密切结合上。这种结合不仅有助于提高学生的专业英语水平，更能培养其综合职业能力。在教学过程中，教师应根据不同专业的特点和需求，有针对性地选择教学内容，设计教学活动，使英语教学与专业学习紧密相连、相得益彰。

教师可以从如下几个方面着手，加强英语教学内容与专业课程的融合：

第一，精选专业英语材料，将专业知识、技能融入英语课堂。教师可以选取与学生专业相关的英文文献、案例、视频等作为教学素材，引导学生在学习语言知识的同时，了解专业前沿动态，掌握专业基本概念和术语。

第二，开发专业英语课程，打造特色教学模块。教师可以根据专业培养目标和人才需求，开发针对性强、实用性高的专业英语课程，如商务英语、旅游英语、医学英语等，帮助学生掌握与未来职业密切相关的英语知识和技能。

第三，创设专业情景，开展实践教学活动。教师可以利用校内外实训基地、虚拟仿真实验室等，为学生提供真实的职业场景，让其在模拟环境中运用英语进行交流、协作和解决问题，提高职业语言应用能力。

这种专业性教学不仅能够激发学生学习英语的兴趣和动力，而且能促进其职业发展。在医学专业，教师可以选取医患对话、病例报告、学术论文等真实语料，训练学生用英语进行医疗沟通和学术交流；在机械专业，教师可以引入机械工程领域的前沿技术和研究成果，拓宽学生的国际视野，为其未来从事涉外工程项目奠定语言基础；在商贸专业，教师可以创设国际商务谈判、跨文化交流等情景，培养学生商务英语应用和跨文化交际能力。通过将英语学习与专业实践紧密结合，学生不仅能够掌握扎实的语言技能，更能形成职场所需的综合素质，如团队协作、批判性思维和创新思维等，为其职业发展注入新的动力。

（三）灵活性

灵活性是高职英语教学的重要特点之一。面对具有不同专业背景、语言基础和学习需求的学生群体，高职英语教学必须因材施教、因需制宜，在教学方法和内容上做出相应调整，才能真正发挥英语课程的育人功能。

从教学方法的角度来看，高职英语教师应根据学生的认知特点和接受能力，采用多样化的教学手段和策略。对于基础较弱的学生，教师可以通过情景教学、游戏教学等生动活泼的形式，营造轻松愉悦的课堂氛围，帮助其克服学习英语的畏难情绪，重拾学习信心。而对于基础较好的学生，教师则可以采用探究式教学、任务驱动教学等方式，鼓励其自主学习，培养其发现问题、分析问题和解决问题的能力。同时，教师还应注重学生的情感体验，在教学中融入人文元素，引导学生感悟语言背后的文化内涵，提升其跨文化交际能力和人文素养。

从教学内容的角度来看，高职英语教学应紧密结合学生的专业需求，有针对性地选择和设计教学内容。对于医学、工程等理工类专业的学生，教师应适当增加专业词汇、阅读材料的比重，帮助学生掌握与未来职业相关的英语知识和技能。而对于商贸、旅游等人文社科类专业的学生，教师则应更加侧重英语在实际工作情景中的运用，通过情景对话、角色扮演等方式，提升学生的语言交际能力。此外，教师还应充分利用网络资源，为学生提供丰富多样的学习材料，拓宽其视野和知识面。

灵活性还体现在高职英语教学对学生个性化学习需求的关注上。教师应充分尊重学生的主体地位，通过问卷调查、访谈等方式深入了解学生的学习动机、学习风格和职业规划，据此制订个性化的教学方案。对于学习动机较强的学生，教师可以为其提供更具挑战性的任务和项目，激发其潜能和创造力；而对于学习动机较弱的学生，教师则应通过鼓励和引导，帮助其找到适合自己的学习方法，重拾学习热情。同时，教师还应为学生提供多元化的展示平台，如英语演讲比赛、英语歌曲大赛等，让学生在实践中检验学习成果，增强自信心和成就感。

三、高职英语教学的课程设置

（一）基础英语课程

基础英语课程是高职英语教学体系的重要组成部分，对于夯实学生英语语言基础，提高其语言运用能力具有关键作用。基础英语课程通常包括语音、语法、词汇、阅读、写作、听力和口语等方面内容，旨在帮助学生掌握英语这一语言工具，为今后的专业学习和职业发展奠定坚实的语言基础。

在基础英语课程教学中，教师应根据高职学生的认知特点和学情实际，精心设计教学内容，创新教学方式方法。一方面，教学内容要体现英语语言的系统性和实用性，注重语言知识和语言技能的协调发展。教师可以将语法、词汇等知识点融入听、说、读、写等技能训练中，引导学生在语言运用中感悟和掌握语言规律。另一方面，教学方法要突出学生的主体地位，强调"做中学、用中学"。教师可以采用任务型教学、项目化教学等方式，设计真实的语言情景，创设开放的语言任务，引导学生在实践中学以致用，提高语言运用能力。

此外，基础英语课程教学还应重视学生人文素养的培育和跨文化交际能力的提升。教师可以适时引入英语国家的文化背景知识，开展中外文化对比，帮助学生了解异域文化，增强其文化自信和文化包容度。同时，教师还可以创设跨文化交际情景，如外教面试、商务谈判等，锻炼学生在不同文化语境中运用英语进行有效沟通的能力。

（二）专业英语课程

专业英语课程是高职英语教学中至关重要的一环，它为学生提供了与其专业密切相关的英语学习机会。相较于基础英语课程注重语言知识和技能的训练，专业英语课程更加强调英语在特定职业领域中的实际应用。通过专业英语课程的学习，学生不仅能够掌握本专业所需的英语词汇、语法和语篇知识，而且能够培养在职场环境下运用英语进行有效沟通的能力。专业英语课程设置主要从以下三方面展开。

1. 充分考虑不同专业的特点和需求

以商务英语专业为例，其课程内容可能涵盖商务谈判、国际贸易、市场营销等方面；而机电一体化专业的英语课程则可能侧重于机械设计、电气工程、自动化控制等领域的术语和文献阅读。因此，专业英语课程的教学目标、教学内容、教学方法都应根据专业特点进行针对性设计，确保课程的实用性和专业性。

2. 积极创新教学模式和方法

传统的"以教师为中心"的灌输式教学已难以适应新时代学生的学习需求，教师应转变教学理念，充分调动学生的学习主动性和参与性。例如，教师可以采用任务驱动法，设计与专业相关的真实任务，引导学生在完成任务过程中习得语言知识、提升语言技能；又如，教师可以利用信息技术手段，为学生提供丰富的网络学习资源，拓展课堂教学的时空界限。

3. 重视与其他课程的融合与渗透

语言学习绝非孤立的过程，它与学生的专业知识学习、职业技能训练都有着密不可分的联系。教师应主动与专业课教师开展协作，探索专业知识与英语学习的结合点，帮助学生构建起完整的知识体系。同时，教师还可以将英语学习与职业素养培养相结合，通过模拟职场情景、开展角色扮演等活动，提升学生的跨文化交际能力和职业适应能力。

（三）英语实践活动

英语实践活动在高职英语教学中扮演着举足轻重的角色，其通过丰富多彩的实践形式，为学生提供了运用英语知识的真实情景，有效地提升了学生的英语应用能力。这些活动不仅包括课堂内的情景对话、小组讨论、角色扮演等，更延伸至课外的英语角、英语俱乐部、英语竞赛等。学生在实践中学习英语，在学习中实践英语，形成了良性互动的学习模式。设置英语实践活动时，需注意以下三点。

1. 紧密结合学生的专业特点和职业发展需求

以酒店管理专业为例，教师可以组织学生进行酒店情景英语对话训练，模拟前台接待、餐饮服务、客房服务等场景，让学生掌握酒店英语的专业用语和交际技巧。又如，针对外贸专业学生，教师可以设计外贸业务谈判、商务邮件写作等实践活动，强化学生在实际工作中运用英语的能力。这些贴近专业、接地气的实践活动，不仅激发了学生学习英语的兴趣，更为其未来的职业发展奠定了坚实的语言基础。

2. 注重培养学生的跨文化交际意识和能力

在全球化背景下，高职毕业生不仅需要具备熟练的英语语言技能，更需要了解不同文化背景下的交际规范和禁忌。因此，教师可以通过开展中西方文化比较、跨文化交际案例分析等实践活动，帮助学生认识文化差异，学会用包容、尊重的态度对待不同文化，提高跨文化交际的灵活性和适应性。同时，教师还可以邀请外籍教师或留学生与学生开展交流活动，创造真实的跨文化交际场景，让学生在实践中拓宽国际视野，增强全球胜任力。

3. 教师的精心指导和同伴的积极互动

教师应根据学生的英语水平和学习需求，合理设置实践任务的难度和梯度，既要体现活动的挑战性，又要确保每名学生都有参与的机会。在活动过程中，教师要及时给予学生反馈和指导，帮助其调整语言表达策略，改进交际技巧。同时，教师还要营造良好的互动氛围，鼓励学生相互启发、彼此帮助，在同伴互动中，共同提升英语运用能力。

四、高职英语教学的重要性

（一）影响学生未来职业发展

英语作为一门全球通用语言，在职场中发挥着越来越重要的作用。随着经济全球化的不断深入，跨国公司和国际贸易日益频繁，英语沟通能力已经成为职场人士必备的基本素质之一。高职院校作为培养高素质技术技能人才的重要阵地，必须高度重视英语教学，提升学生的英语应用能力，为其未来职业发展奠定坚实的语言基础。

英语应用能力是职场竞争力的重要组成部分。在许多行业领域，如外贸、金融、IT、旅游等，英语已经成为工作语言。拥有熟练的英语听、说、读、写能力，能够使员工更好地理解外籍客户和合作伙伴的需求，准确无误地表达自己的观点，与他们建立良好的商务关系。同时，英语能力还能帮助员工及时了解国外最新的行业动态和技术前沿知识，拓宽国际视野，提升专业水平。因此，高职院校必须加强英语教学，培养学生在职场环境中运用英语的实践能力。

英语学习有助于培养学生的跨文化交际意识和国际化素养。语言与文化密不可分，学习英语不仅要掌握词汇和语法，更要了解英语国家的历史、社会和文化。通过英语学习，学生能够认识和尊重不同文化的差异性，培养包容开放的心态，形成宽阔的国际视野。这种跨文化交际意识和国际化素养，是职场人士应对全球化挑战、参与国际竞争不可或缺的重要品质。高职院校要充分发挥英语课程的育人功能，将跨文化交际意识和国际化素养的培养融入教学全过程。

良好的英语应用能力是终身学习和可持续发展的重要保障。在知识经济时代，职业生涯的发展离不开持续的学习和自我提升。许多新知识、新技术的最新研究成果往往首先以英文的形式发表，及时了解和学习这些前沿知识，对于职场人士保持竞争力至关重要。此外，良好的英语应用能力还能为职业发展提供更多的机会，如外派工作、国际会议交流等。高职院校要引导学生树立终身学习理念，培养其自主学习英语的意识和能力，为将来的可持续发展打下良好的语言基础。

（二）提升学校教育水平

高品质的英语教学对于提升学校的教育水平和人才培养质量具有举足轻重的作用。英语作为一门国际通用语言，在当今全球化时代，扮演着越来越重要的角色。一所学校的英语教学水平，在很大程度上反映了其整体教育质量和国际化程度。因此，高职院校必须高度重视英语教学，不断创新教学模式，优化课程设置，提高教师素质，为学生提供优质的英语学习环境和资源。

首先，高品质的英语教学要体现在教学内容的选择和设计上。教师应根据高职学生的特点和需求，精心挑选教材，合理规划教学进度。教学内容要兼顾英语语言知识和职业技能的培养，突出实用性和应用性。例如，可以引入与学生专业相关的英语案例和素材，设计情景化的教学活动，提高学生学习英语的兴趣和动力。同时，教学内容还应与时俱进，紧跟英语语言的发展变化和国际交流的新形势，及时更新和充实，以拓宽学生的国际视野。

其次，高品质的英语教学离不开先进的教学方法和手段。传统的"填鸭式"教学模式已经不能满足新时代英语教学的要求。教师应积极探索启发式、参与式、互动式的教学方法，调动学生学习的主动性和创造性。例如，可以通过小组合作学习、角色扮演、情景模拟等方式，营造真实的语言环境，提高学生运用英语的实践能力。多媒体技术的运用也能够极大地丰富英语教学的形式和内容，提高教学效率。

再次，高品质的英语教学还需要一支高素质的教师队伍作为保障。学校应注重英语教师的培养和发展，提供持续的专业培训和进修机会，鼓励教师开展教学研究和创新实践。教师要与时俱进，不断更新教育理念，提升教学水平和专业素养，成为学生学习英语的榜样和引路人。此外，学校还应营造良好的英语学习氛围，如开展英语角、英语演讲比赛、英语歌曲大赛等丰富多彩的课外活动，为学生提供更多运用英语的机会。

最后，高品质的英语教学必须以促进学生的全面发展为根本目标。英语学习不仅是语言知识和技能的习得，更是思维能力、跨文化交际能力、自主学习能力等综合素质的培养。因此，英语教学要注重发展学生的创新思维和批判性思维，培养其独立思考和解决问题的能力。同时，英语教学还应加强人文教育，引导学生了解和尊重不同国家的文化，增强其国际理解和全球意识，为其未来的职业发展和个人成长奠定坚实的基础。

第二节　高职英语教学的原则

一、实用性原则

（一）针对性教学

针对性教学是高职英语教学实现实用性原则的重要途径。它要求教师在设计教学内容时，要充分考虑学生的专业背景和职业需求，有的放矢地进行教学设计。教师首先要深入了解高职学生的专业学习内容和未来就业方向，把握其英语应用的实际需求。在此基础上，有针对性地选取教学材料，设计教学活动，使英语教学与学生的专业学习和职业发展紧密结合。

在教材选择上，教师要突破传统英语教材的局限，广泛吸收与学生专业相关的英语材料，如专业文献、行业资料、职场案例等。这些材料不仅能够拓宽学生的专业视野，更能激发其英语学习兴趣，提高学习积极性。同时，针对性教学还要求教师在课堂教学中设计与职业场景相关的任务和活动。例如，教师可以设计角色扮演、情景模拟等活动，让学生在模拟职业情景中运用英语知识，提高语言运用能力。又如，教师可以引导学生阅读专业英语文献，撰写英文论文或报告，锻炼其学术英语能力。

针对性教学还应注重培养学生在职场中所需的跨文化交际能力。随着经济全球化的深入发展，跨国企业和国际项目不断增多，高职毕业生在工作中不可避免地要与来自不同文化背景的人士进行交流。因此，英语教学不能局限于语言知识和技能的传授，更要帮助学生了解英语国家的文化习俗，提高其跨文化敏感性和交际能力。为此，教师可以引入体现文化差异的案例和素材，组织跨文化交际主题讨论，开展多样化的文化体验活动。

（二）应用导向

应用导向是高职英语教学实用性原则的重要体现之一，它强调将英语教学与学生未来的职业需求紧密结合，着力培养学生在工作场景中运用英语进行有效沟通的实践能力。这一原则的提出，源于高职教育服务于区域经济发展、培养高素质技术技能人才的根本任务。在日益全球化的今天，英语已成为各行各业不可或缺的交流工具。因此，高职英语教学必须立足应用，让学生学以致用，为其职业发展奠定坚实的语言基础。应用导向主要体现为以下三点。

1. 考虑学生的专业背景和就业方向

应用导向的教学理念要求教师在设计教学内容时，充分考虑学生的专业背景和就业方向，选取与其密切相关的语言材料。比如，在教授计算机专业学生时，教师可以引入软件开发、网络安全等领域的英文文献资料，引导学生掌握相关专业词汇和表达方式。而在教授旅游管理专业学生时，教师则可以围绕酒店服务、导游讲解等场景设计情景对话，让学生在模拟实践中强化口语表达能力。这种因材施教、学用结合的教学设计，不仅能够提高学生学习英语的兴趣、增强学习动力，更能培养其运用英语解决实际问题的能力。

2. 注重培养学生的跨文化交际能力

在全球化时代，不同文化背景下的人们往往有着不同的思维方式和行为习惯。如果不能准确把握文化差异，那么容易在跨文化交流中产生误解和冲突。因此，高职英语教学不能仅停留在语言知识的传授上，更要帮助学生了解英语国家的文化习俗、价值观念等，提高其文化敏感性和包容性。教师可以通过播放英语原声电影、组织文化专题讨论等形式，拓宽学生的文化视野，培养其尊重差异、包容多元的跨文化交际意识和能力。

3. 突出实践性和综合性

传统的英语考试往往偏重语法、词汇等知识点的考查，难以全面评价学生的语言运用能力。为了突破这一局限，教师应积极探索情景化、项目化的评估方式，设计贴近实际工作场景的任务，考查学生在具体情景中综合运用语言知识完成交际任务的能力。同时，评估内容也要体现应用导向，重点考查与学生专业相关的语言技能，如专业文献阅读、实用文写作、职场口语表达等。

（三）课程内容与实际相结合

在高职英语教学中，课程内容与实际相结合是实用性原则的一个重要组成部分，它要求教师在设计教学模块时，应充分考虑学生的职业需求和工作场景，使英语学习与实际应用紧密衔接。这种教学理念不仅能提高学生学习英语的兴趣和动机，更能培养其在真实工作环境中运用英语的能力，为未来职业发展奠定坚实的基础。

为了实现课程内容与实际相结合，教师首先需要深入了解高职学生的专业特点和就业方向，明确其未来工作中可能涉及的英语应用场景。例如，对于旅游专业学生，教师可以设计与导游、酒店服务、旅游产品销售等相关的教学模块；而对于商务专业学生，教师则可以围绕商务谈判、合同签订、国际贸易等主题开展教学。只有切合学生的职业需求，教学内容才能真正做到与实际相结合，激发学生的学习兴趣。

在教学模块的具体设计中，教师应努力创设与工作场景相似的语言环境，引导学生在模拟实践中学习和运用英语。例如，在进行酒店服务相关的教学时，教师可以利用多媒体技术呈现真实的酒店情景，并设计客户咨询、客房预订、入住办理等环节的对话练习，让学生在仿真环境中掌握相关英语表达。再如，在商务谈判教学中，教师可以组织学生开展角色扮演活动，模拟谈判双方的英语交流，锻炼其在实际商务场合中的语言应对能力。通过这些贴近实际的教学设计，学生能够更直观地感受英语在工作中的应用价值，提高学习的主动性和积极性。

教师还应注重引导学生将英语学习与专业知识相结合，提升其英语应用能力。一方面，教师可以选取与学生专业相关的英语材料，如专业期刊、行业报告等，帮助学生掌握本专业的英语词汇和表达方式；另一方面，教师也可以鼓励学生用英语展开专业探究，如撰写专业论文、制作专业演示等，在实践中强化英语与专业的融合。通过英语学习与专业知识的相互促进，学生不仅能够提高英语水平，更能形成学以致用的跨学科能力，增强未来的职场竞争力。

二、阶段性原则

（一）分阶段设定教学目标

分阶段设定教学目标是高职英语教学遵循阶段性原则的关键举措。高职学生的英语基础参差不齐，学习需求多样化，这就要求教师在制订教学目标时，充分考虑学生的实际情况，针对不同阶段、不同层次的学生设置科学合理的学习目标。

在教学目标设定过程中，教师首先要全面了解学生的英语水平和学习特点。教师通过入学考试、问卷调查、个别访谈等多种方式收集学生信息，形成对学情的准确判断。在此基础上，教师要根据高职英语教学大纲的要求，结合学生的认知规律和接受能力，为每个学习阶段确定明确、具体、可检测的教学目标。这些目标应体现从简单到复杂、从基础到提高的递进关系，既要充分考虑学生的现有水平，又要具有一定的挑战性，以充分调动学生的学习积极性。

在基础阶段，教学目标应着重于夯实学生的语言基本功，重点培养其听、说、读、写等语言技能，帮助其掌握必备的词汇、语法知识，能够运用英语进行日常交际。在提高阶段，教学目标可适度拓展到语篇理解、交际策略、跨文化交际等方面，引导学生在真实语境中运用英语，提升其语言运用能力和职场竞争力。在拓展阶段，教学目标可进一步延伸到专业英语和行业前沿知识，拓宽学生的国际视野，增强其可持续发展能力。

分阶段设定教学目标，不仅有利于提高教学的针对性和实效性，更是落实"以学生为中心"理念的重要体现。通过合理设置阶段性教学目标，教师能够因材施教，满足不同学生的个性化需求；学生也能够明确学习方向，循序渐进地提升英语水平，在教学目标引领下，获得持续进步的成就感。当然，教学目标的实现离不开教师对教学设计的精心安排和灵活调整。在实践中，教师还应根据教学效果的反馈，适时调整目标，保证其与教学实际相契合，不断优化教学目标设置，切实提升人才培养质量。

（二）阶段性教学内容安排

阶段性教学内容安排是高职英语教学中至关重要的环节。在制订教学计划时，教师需要综合考虑学生的英语基础、学习需求、专业特点等因素，将教学内容划分为若干个阶段，并为每个阶段设定明确、可达成的教学目标。这种分阶段、分层次的教学内容安排，不仅有利于学生循序渐进地掌握英语知识和技能，更能够激发其学习兴趣，增强学习自信。

在教学内容的阶段性安排中，教师应遵循由浅入深、由易到难的基本原则。在初始阶段，应选取难度适中、与学生生活和专业相关的语言材料，帮助学生夯实英语基础，提高语言应用能力。例如，可以设计与日常交际、职场情景相关的对话练习，引导学生在真实语境中学习和运用英语。随着学生英语水平的提升，教师可以逐步增加教学内容的难度和复杂程度，引入更加专业化、学术性的语篇材料，培养学生的语言分析和批判性思维能力。

同时，阶段性教学内容安排还应体现职业教育的特点，突出英语在职场中的应用价值。教师可以根据高职院校的专业设置，有针对性地选取与各专业领域相关的英语材料，如商务英语、旅游英语、医学英语等，帮助学生掌握与未来职业发展密切相关的语言知识和交际技能。通过将语言学习与专业学习相结合，学生能够更加深刻地认识英语学习的重要性，提高学习的积极性。

此外，教学内容的阶段性安排还应体现灵活性和开放性。教师应根据教学实际和学生反馈，适时调整教学计划，优化教学内容。例如，可以通过问卷调查、访谈等方式，了解学生的学习需求和兴趣爱好，据此增减教学内容，提高教学的针对性和实效性。同时，教师还应为学生提供一定的选择空间，鼓励其根据自身特点和发展规划，自主选择感兴趣的教学模块，促进个性化、差异化的英语学习。

（三）应用阶段性教学法

阶段性教学法在高职英语教学中的应用需要遵循学生的认知发展规律，针对不同学习阶段，采取相适应的教学策略和方法。在初级阶段，学生的英语基础薄弱，自主学习能力不足，教师应重点采用直接教学法，通过讲授、示范、练习等方式，帮助学生夯实语言基础，掌握基本的词汇、语法知识。同时，教师要注重培养学生的学习兴趣，营造轻松愉悦的课堂氛围，激发其学习动机。

随着学生语言能力的提升，教师可以逐步引入任务型教学法、情景教学法等，设计贴近学生生活和职业需求的学习任务和情景，引导学生在真实语境中运用所学知识，提高语言运用能力。例如，教师可以设计职场面试、商务谈判等模拟情景，让学生通过角色扮演、小组合作等方式，练习在工作场景中使用英语进行沟通交流。这不仅能够增强学生的语言应用能力，更能够培养其团队协作意识，提升其问题解决能力。

在高年级阶段，学生已经具备了一定的英语基础和自主学习能力，教师应着重采用探究式教学法、项目教学法等，鼓励学生主动探索、自主构建知识体系。教师可以引导学生围绕专业相关主题开展研究性学习，运用英语查阅文献资料、撰写研究报告、进行成果展示等，不断提升学生的学术英语能力和专业素养。同时，教师还要注重培养学生的批判性思维和创新能力，引导其在探究过程中勇于质疑、敢于创新，为其未来的职业发展奠定坚实的基础。

针对高职学生学情特点，教师还应灵活运用合作学习、个性化教学等方法，为不同层次、不同需求的学生提供差异化的指导和支持。通过小组合作、同伴互助等形式，促进学生之间的交流互动，实现优势互补、共同进步。同时，教师要关注每名学生的个性特点和发展需求，有针对性地进行辅导和指导，帮助其克服学习困难，发挥个人潜能。

（四）阶段性评价与反馈

阶段性评价是指将教学过程划分为若干阶段，在每个阶段结束时，对学生的学习效果进行评估和反馈。在高职英语教学中，采取阶段性评价体系有助于促进学生分阶段稳步进步。这一评价体系基于学生的认知发展规律，将教学目标细化为阶段性目标，通过多元化的评价方式，持续跟踪学生的学习进程，及时发现问题并给予针对性指导，从而保证每个学习阶段的教学质量。

阶段性评价体系的实施需要遵循以下原则：首先，评价内容要与阶段性教学目标紧密相关。教师应根据每个阶段的重点和难点，设计与之匹配的评价任务，全面考查学生的语言知识、交际技能、跨文化意识等。其次，评价方式要灵活多样。除了传统的笔试和口试，教师还可以采用听力测试、情景对话、项目展示等形式，激发学生的学习兴趣，培养其语言运用能力。再次，评价主体要多元参与。教师评价固然重要，但学生自评和互评也不可或缺。鼓励学生参与到评价过程中，能够增强其自主学习意识，提高学习效率。最后，要及时反馈评价结果。教师需要根据评价数据分析学生的优势和不足，有针对性地调整教学策略，并与学生沟通学习心得，帮助其明确努力方向。

阶段性评价体系的运用对学生学习英语具有积极影响。通过分阶段设置明确的学习目标，学生能够更加清晰地认识到自身的学习任务，增强学习动机。频繁而有序的评价可为学生提供展示学习成果的平台，既能帮助学生巩固所学知识技能，又有助于发现存在的问题，从而不断调整学习策略。在评价反馈的引导下，学生将逐步掌握英语学习的规律和方法，养成良好的学习习惯。由此可见，阶段性评价体系犹如一座桥梁，沟通起教与学、学习过程与结果、自主学习与合作学习，最终实现教学相长、师生共进。

三、匹配适度原则

（一）教学内容个性化匹配

教学内容个性化匹配是实现因材施教、满足不同学生需求的重要途径。高职英语教学服务于学生未来的职业发展，因此，在教学内容设计上，必须充分考虑学生的个体差异和专业需求。只有根据学生的英语基础、学习特点和职业发展方向，有针对性地选择和组织教学内容，才能真正调动学生学习的主动性，提高教学的针对性和实效性。教学内容个性化匹配可从以下三方面着手。

1. 全面了解学生情况

教师要通过多种途径（如英语水平测试、学习风格问卷、职业兴趣调查等）收集学生的信息，深入分析每名学生的优势和不足、学习特点和发展需求。在此基础上，教师要结合高职英语教学大纲，根据学生的实际情况，设计个性化的教学方案。例如，对于英语基础较好、有意向从事涉外工作的学生，教师可以补充更多的跨文化交际方面的内容；而对于英语基础薄弱的学生，教师则要以夯实语言基础知识为主，适当降低教学难度。

2. 注重衔接专业学习和职业实践

高职英语教学不同于普通英语教学，它具有鲜明的职业导向和实践特征。因此，教学内容的选择要紧密结合学生所学专业，突出英语在职场中的应用。教师可以广泛收集与学生专业相关的英文材料，如行业报告、操作手册、案例分析等，引导学生在真实语境中学习和运用英语。同时，教师还要积极开发校企合作资源，邀请企业专家参与教学，让学生直接感受到职场英语的实际需求，提升其职业竞争力。

3. 激发学生的学习动机

心理学研究结果表明，当学习内容与个人兴趣、需求紧密相关时，学生的学习动机会显著提高。因此，教师在设计个性化教学内容时，要充分考虑学生的兴趣爱好和职业理想，选取能够引起学生共鸣、激发其探究欲望的素材。此外，教师还要创设开放、互动的教学氛围，鼓励学生参与教学内容的选择和生成，培养其自主学习的意识和能力。只有让学生成为学习的主人，调动其内在学习动机，个性化教学才能取得实效。

（二）适度把控教学难度

在高职英语教学中，合理把控教学难度是保证教学效果、提高学生学习兴趣和自信心的关键。教学难度过高，学生可能因难以理解和掌握知识而产生挫败感，进而丧失学习动力；教学难度过低，则可能使学生缺乏挑战感，不利于其语言能力的提升。因此，教师必须根据学生的实际英语水平，因材施教，努力实现教学内容难易适中。

为切实做到这一点，教师首先要全面了解学生的英语基础。高职院校学生的英语水平参差不齐，部分学生由于中学英语学习基础薄弱，词汇量有限，语法知识掌握不牢，难以完成较高难度的语言学习任务。教师要通过入学测试、问卷调查、课堂观察等多种途径，准确评估学生的听、说、读、写能力，为教学活动的开展提供依据。

在此基础上，教师要根据教学目标和学生特点，合理设计教学内容。一方面，所选教材和课程资源要与学生的认知水平相匹配，语言难度应略高于学生的实际水平，以学生经过努力可以达到为宜。另一方面，教师要充分利用多媒体课件、微课视频等现代信息技术手段，创设贴近学生生活和未来职业的教学情景，引导学生在实践中掌握和运用英语。同时，教学内容还应涵盖语言知识、跨文化交际、学习策略等方面，促进学生英语综合应用能力的提高。

科学的教学组织与实施也是调控教学难度的重要手段。在课堂教学中，教师要根据学生的接受能力，合理把控语速、调整重复次数、适时进行词汇或语法讲解，帮助学生理解和内化语言知识。对于基础较差的学生，教师可以通过小组合作学习、个别辅导等方式给予更多关注和帮助；对于基础较好的学生，则可布置一些拓展性的学习任务，满足其更高层次的发展需求。

此外，灵活多样的教学评价对于调控教学难度也至关重要。传统的期末笔试往往偏重语言知识的考查，难以全面评价学生的语言运用能力。教师应采取过程性评价与终结性评价相结合的方式，通过课堂提问、小组展示、实际运用等多种渠道，动态检测学生的学习效果，并据此调整教学难度和进度。这种实时反馈和动态调整，有助于教学活动更加精确地瞄准学生的最近发展区，激发其英语学习的内驱力。

（三）教学资源优化配置

合理配置和利用教学资源是提高高职英语教学效果的关键因素之一。高职院校应充分认识教学资源在英语教学中的重要作用，在人力、物力、财力等方面给予大力支持，为创设优质的英语学习环境提供有力的保障。

在教学资源配置方面，高职院校应根据英语教学的特点和学生的实际需求，科学制订资源配置计划。一方面，要加强师资队伍建设，引进和培养一批教学经验丰富、专业能力强的高素质英语教师。通过教师培训、学术交流、教学研究等途径，不断提升教师的教学水平和科研能力，为学生提供高质量的英语教学服务。另一方面，要加大教学设施和教材建设力度，为学生营造良好的学习环境。这包括建设多媒体教室、语音实验室等现代化教学场所，配备先进的教学设备和软件系统，以及选用内容新颖、形式多样的英语教材，满足学生多元化、个性化的学习需求。

在教学资源使用方面，高职院校应注重发挥资源的最大效用，促进资源的共建共享。教师应根据教学目标和学情特点，灵活运用各类教学资源，设计出富有吸引力和挑战性的教学活动。例如，利用多媒体技术开展情景式、交互式教学，利用网络平台开展自主学习和协作学习，利用各种实践活动增强学生的语言运用能力等。同时，学校还应搭建资源共享平台，促进优质教学资源的校际交流和共享，实现资源的优化配置和综合利用。

此外，开发和利用社会资源也是提升高职英语教学效果的重要途径。高职院校应积极与企业、社区等建立合作关系，引入行业专家、外教等社会力量参与英语教学，开发反映行业特点和职业需求的英语课程。通过校企合作、顶岗实习等方式，让学生走出校园，在真实的语言环境中学习和实践，提高其英语应用能力和跨文化交际能力。

四、循序渐进原则

（一）由浅入深安排教学内容

由浅入深的教学内容安排是高职英语循序渐进原则的重要体现。语言学习是一个渐进的过程，需要遵循学生的认知发展规律，循序渐进地设置教学内容的难度。这不仅有助于学生更好地理解和掌握所学知识，培养语言运用能力，而且能够增强其学习动机，提高学习效率。

高职英语教学内容的编排应当立足于学生的实际英语水平，兼顾其认知特点和职业发展需求。对于基础较弱的学生，教师应从最基本的语言知识（如语音、词汇、语法等）入手，帮助其打牢语言学习的根基。在此基础上，教师可以适当引入简单的语境对话和日常交际话题，让学生感受语言的实际应用。随着学生语言能力的提高，教师可以逐步增加教学内容的难度，融入更多与专业相关的语言材料，如职场情景对话、行业资讯等，拓宽学生的语言视野，提升其职业语言能力。

在教学难度把控上，教师要注重前后衔接，避免内容难度陡升，不要超出学生的理解和接受能力范围。每一阶段的教学内容都应当在前一阶段的基础上进行适度拓展和提升，形成循序渐进、环环相扣的知识体系。同时，教师还应根据教学内容的难易程度，合理安排课堂教学时间，给予学生充分的理解和消化空间。对于较难掌握的知识点，教师可以采取多种方式（如情景模拟、角色扮演、任务型活动等）进行重复训练和巩固，帮助学生深入理解和运用所学知识。

由浅入深的教学内容安排还需要与多元化的教学方法和手段相结合。在教学初期，教师可以运用直观演示、图片展示等方式，帮助学生直观理解语言知识。随着教学内容的深入，教师可以采用启发式提问、小组合作探究等方法，引导学生主动思考、积极参与，提高学习效果。同时，教师还可以利用多媒体技术、网络资源等现代教育手段，为学生提供丰富多样的学习材料和体验，拓宽其学习视野，提高其学习兴趣。

（二）连续性教学方法运用

在连续性教学方法的运用中，保证教学方法的连贯性是至关重要的。教师应根据教学内容和学生特点，合理选择和搭配不同的教学方法，使其在整个教学过程中形成有机的衔接和融合。教师可以在不同教学阶段采用相互呼应、循序渐进的教学方法，引导学生逐步深入理解和掌握教学内容。

例如，在新知识引入阶段，教师可以运用启发式教学法，通过提问、演示、案例分析等方式激发学生的学习兴趣，引导他们主动思考和探索。随着教学的深入，教师可以逐步过渡到讨论式教学法，鼓励学生积极参与教学互动，通过小组讨论、辩论等形式加深对知识的理解和内化。在知识的巩固和拓展阶段，教师还可以采用任务驱动教学法，设置与教学内容相关的实践任务，引导学生在完成任务过程中灵活运用所学知识，提升其分析问题和解决问题的能力。

在运用连续性教学方法过程中，教师还应该注重对不同教学方法的优化组合和灵活调整。一方面，教师要根据教学内容的难易程度、学生的接受能力等因素，合理调整不同教学方法的使用比重和先后顺序，避免生搬硬套、一成不变。另一方面，教师还要关注学生的反馈和教学效果，及时调整教学策略和方法，以更好地满足学生的学习需求，提高教学质量。

在实施连续性教学方法过程中，现代信息技术的运用也不容忽视。多媒体教学资源、在线学习平台等为教学方法的创新和优化提供了新的可能。教师可以利用信息技术手段丰富教学内容的呈现方式，为学生提供更加直观、生动的学习体验。同时，借助在线学习平台，教师还可以实现线上线下教学的有机结合，拓展学生的学习时间和空间，促进学习方式的多样化和个性化。

（三）分层次实现教学目标

在高职英语教学中，分层次实现教学目标是确保教学质量和学习效果的关键。教师需要根据学生的英语基础、学习能力和专业需求，合理设置阶段性教学目标，引导学生循序渐进地掌握英语知识和技能。通过分层次地组织教学内容和活动，教师能够更有针对性地满足学生的学习需求，提高教学的针对性和实效性。

在教学目标设置上，教师应遵循由易到难、由浅入深的原则。对于英语基础较弱的学生，教师可以先设置一些基础性、操作性较强的目标，如掌握基本的语法规则、词汇用法，训练日常交际中的听说能力等。在此基础上，教师再逐步提高目标难度，引导学生理解并运用更复杂的语言结构，拓展专业领域词汇，提升语篇分析能力和跨文化交际能力。这种循序渐进的目标设置能够帮助学生建立学习信心，激发其学习动机，最终达成既定的教学目标。

在教学内容组织上，教师需要针对不同教学阶段和目标，精心设计教学活动和任务。初级阶段可以侧重语言基础知识的讲解和操练，通过情景化、游戏化的活动设计，帮助学生巩固所学知识，提高学习兴趣。中级阶段可以引入更多的实践性任务，如专题讨论、案例分析、项目设计等，锻炼学生综合运用语言的能力。高级阶段应着力拓展学生的学科视野，通过引入前沿科技成果、经典文学作品、热点社会问题等，提升学生的人文素养、思辨能力和创新意识。

这种梯度式、模块化的教学内容安排，能够帮助学生构建系统完整的知识体系，实现知识与能力的协调发展。

在教学评价方面，教师也应采取多元化的评价方式，科学评估学生在不同阶段的学习成果。传统的期末考试固然重要，但更应重视过程性评价和形成性评价。教师可以通过课堂观察、学习日志、作业分析等方式，及时了解学生的学习进度和困难，给予有针对性的指导和反馈。同时，教师还可以引入学生自评、互评等评价方式，培养学生的自主学习能力和合作意识。这种立体化的评价体系能够全面、动态地反映学生的学习状况，既是对教学效果的检验，又是促进学生反思和进步的重要途径。

（四）持续性维持学习动力

持续性的学习动力对于高职英语学习至关重要。在学习过程中，学生往往会遇到各种困难和挫折，如词汇量不足、语法知识欠缺、口语表达不流畅等。如果缺乏持久的学习动力，学生很容易在遇到挫折时选择放弃，导致学习效果不佳。因此，教师需要采取有效的措施，帮助学生保持学习英语的动力和热情。具体如下。

1. 设置阶段性目标

英语学习是一个长期的过程，如果只设置一个宏大的终极目标，学生可能会感到遥不可及，产生畏难情绪。相反，如果将学习目标分解为若干个阶段性的小目标，并给予及时反馈和鼓励，学生就能够在每个阶段取得成就感，从而保持学习的动力。例如，教师可以根据学生的英语水平，制订每周或每月的词汇量、阅读量、写作字数等具体目标，引导学生稳步提升英语能力。当学生完成阶段性目标时，教师要给予积极的评价和表扬，帮助其建立自信心。

2. 创设有利于英语学习的课堂氛围

良好的课堂氛围能够营造轻松愉悦的学习环境，激发学生的学习兴趣。教师应根据教学内容和学生特点，灵活采用多样化的教学方法，如情景教学法、任务教学法、合作学习法等，提高课堂的互动性和参与度。同时，教师还要善于利用多媒体技术，将图像、音频、视频等学习资源引入课堂，为学生创造沉浸式的语言学习环境。当学生在轻松愉悦的氛围中学习英语时，他们的学习动力将会得到有效激发和维持。

3. 建立科学的评价体系

传统的英语教学评价往往过于注重考试成绩，忽视了学生在听、说、读、写等方面的全面发展。这种片面的评价方式容易挫伤学生的学习积极性，削弱其学习动力。为了突破这一局限，教师应建立多元化的评价体系，综合考查学生的语言知识、交际能力、文化意识等多方面素质。除了笔试，教师还可以通过口语测试、写作任务、项目展示等形式，全面评估学生的英语应用能力。在评价过程中，教师要注重学生的进步与成长，引导其树立学习英语的信心和决心。

4. 加强校企合作、开展职场英语实践活动

通过与企业合作，高职院校可以为学生提供真实的职场语言环境，让其感受英语在工作中的实际应用。例如，学校可以邀请外企人士举办职场英语讲座、组织学生参观外企、开展英语实习项目等。在职场环境中学习和运用英语，不仅能够提高学生的英语水平，更能让其认识到英语学习的重要性，从而保持学习的动力。

第三节　高职英语教学的方法

一、任务型教学法

（一）特点

任务型教学法是以完成特定任务为导向的教学方法，旨在提升学生的主动学习能力。相比传统的"以教师为中心"的教学模式，任务型教学法更加注重学生的主体地位，强调学生在完成任务的过程中主动构建知识体系，培养语言运用能力。其特点如下。

1. 真实性

教师设计的任务应源于真实的语言交际情景，反映学生日常生活或未来职业中可能遇到的实际问题。这种真实性不仅能激发学生的学习兴趣，调动其参

与课堂活动的积极性，更能帮助其建立语言知识与实际运用之间的联系，提高语言运用的灵活性和适应性。例如，在进行职业英语教学时，教师可以设计模拟求职面试、撰写业务报告等任务，引导学生在真实情景中学习和运用专业英语知识，提升其职场语言能力。

2. 互动性

在完成任务过程中，学生需要通过小组合作、角色扮演等方式与他人进行交流和互动。这种互动不仅能够促进学生之间的相互学习和启发，增进彼此间的理解和友谊，更能够培养学生的团队意识和协作精神。同时，在与他人互动过程中，学生能够接收到多元化的语言输入，接触到不同的表达方式和交际策略，这对于拓宽其语言视野、提高语言综合运用能力具有重要意义。

3. 自主性

与传统的教学模式相比，任务型教学法赋予学生更大的自主权和选择权。学生可以根据自身的语言水平、认知风格、兴趣爱好等，选择适合自己的任务类型和完成方式。在完成任务过程中，学生需要自主制订计划、筛选信息、组织语言，这有助于培养其独立思考和自主学习的能力。同时，面对开放性的任务，学生往往需要跳出固有的思维定式，发散思维，提出创新的解决方案。这一过程不仅能够提高其分析问题、解决问题的能力，更能培养其创新意识和批判性思维。

（二）课堂应用

任务型教学法在高职英语课堂中的应用，旨在通过设计贴近学生生活和未来职业的实际任务，促进学生英语知识的内化和语言技能的提升。这种教学方法强调以学生为中心，通过完成具有真实语境的任务，激发学生学习英语的兴趣和动机，提高其英语综合运用能力和跨文化交际能力。

在实施任务型教学法过程中，教师首先要根据教学目标和学生特点，精心设计富有挑战性和实践性的任务。这些任务应该与学生的生活经验和职业发展需求紧密相连，具有明确的目的性和针对性。例如，在学习求职面试相关话题时，教师可以设计模拟面试的任务，要求学生扮演求职者和面试官的角色，运用所学词汇和语法进行对话。通过这种身临其境的体验式学习，学生不仅能够加深对求职面试流程和技巧的理解，而且能够提升语言表达能力和应变能力。

在任务执行阶段，教师应该充分发挥引导和协助的作用，为学生提供必要的学习资源。同时，教师还要鼓励学生通过小组合作、头脑风暴等方式，积极参与到任务的讨论和完成中。在这个过程中，学生不仅能够相互启发、共同进步，而且能够培养团队协作意识和问题解决能力。值得注意的是，教师在提供帮助的同时，也要给予学生一定的自主探索空间，促使其主动思考、勇于尝试，以培养其学习的独立性和创造性。

完成任务后，教师还应组织学生进行总结和反思，引导其评估自己在任务中的表现，分析存在的不足，并提出改进策略。这种元认知能力的培养，有助于学生形成自主学习的意识和习惯，为今后的语言学习和职业发展奠定基础。此外，教师还可以通过任务展示、成果分享等形式，肯定学生的进步和成绩，增强其学习的自信心和成就感。

（三）成效评估

任务型教学法的成效评估是高职英语教学实践中的重要一环。它不仅能够帮助教师及时了解学生完成任务的情况，评价教学效果，而且对于改进教学方法、提高教学质量具有重要意义。成效评估应该围绕任务型教学的核心目标展开，即评价学生运用语言知识完成实际任务的能力，以及在完成任务过程中语言应用能力、思维能力、合作能力等关键素养的提升情况。

任务型教学法的成效评估可以从完成任务情况和学生能力提升两个维度入手。在完成任务情况方面，评估的重点是学生是否按照要求完成了任务、完成的质量如何。教师可以设计评估量规，从任务的完整性、准确性、创造性等方面进行评分。同时，教师还要关注学生在完成任务过程中的表现，如是否能够根据任务要求选择恰当的语言形式，是否能够灵活运用所学语言知识，是否能够与他人有效合作等，这些都是评价学生语言运用能力的重要依据。

在学生能力提升方面，评估应该聚焦学生在完成任务过程中各项能力的变化和进步。一方面，要评估学生的语言应用能力，即学生是否能够在真实语境中恰当、得体地运用语言进行交际。这需要从语言的准确性、流利性、复杂性等维度进行考查。另一方面，要评估学生在完成任务过程中思维能力、问题解决能力、创新能力等方面的提升。任务型教学不仅强调语言知识和技能的学习，更注重培养学生的综合素质。因此，评估不能局限于语言层面，还要将其他能力纳入评估范围。

任务型教学法的成效评估应该坚持多元化、过程化、差异化的原则。评估方式要灵活多样，线上线下相结合，注重学生的自评互评。评估不能只关注任务的最终成果，更要重视完成任务的全过程，全面记录学生的学习历程。此外，评估还要充分考虑学生的个体差异，因材施教，帮助每名学生获得进步。

二、交际教学法

（一）理论基础

交际教学法以语言的交际功能为核心，强调在真实情景中学习和运用语言。这一教学理论认为，语言能力不仅包括语法能力，更重要的是在特定社会文化背景下恰当运用语言进行交际的能力。这一理念对传统的语言教学模式提出了挑战，引发了一系列的教学改革探索。

在交际教学法的框架下，语言学习的目的不再局限于语法规则的掌握，而是提升学生在真实语境中运用语言的能力。教师需要创设与现实生活相近的交际情景，引导学生投入角色，展开互动交流。在这一过程中，学生不仅要学会用正确的语法组织语言，更要考虑交际对象、交际目的、交际场合等语用因素，选择恰当的语言形式表达思想，达成交际目的。这种教学方式有助于激发学生学习语言的兴趣和动机，提高其语言运用能力。

交际教学法改变了传统的以教师讲授为主的教学模式，而更加强调师生互动和生生互动。教师不再是知识的权威传播者，而是交际活动的组织者、引导者和参与者。学生则从被动接受知识者转变为交际实践的主体，在与他人的互动交流中，积极构建语言能力。这种互动式教学有利于营造民主、平等、活跃的课堂氛围，调动学生参与的积极性，培养其主动学习、合作探究的意识和能力。

交际教学法还注重将语言学习与文化学习相结合。语言是文化的载体，反映了一个民族的思维方式、价值观念和行为模式。脱离文化背景的语言学习是不完整的，难以真正达到交际的目的。因此，交际教学法在教学内容上强调语言与文化的统一，通过丰富多样的文化主题交际活动，帮助学生了解目的语国家的社会文化，提高其跨文化交际能力。

（二）实施步骤

交际教学法在高职英语教学中的实施步骤包括以下几个关键环节。

1. 设计交际活动

教师要根据教学目标和学生特点，精心设计交际活动。交际活动的设计应符合真实语境，体现日常生活和职场交流中的典型场景，如求职面试、商务谈判、客户服务等。同时，交际活动应具有明确的目的性和任务导向，引导学生运用所学语言知识解决实际问题。在设计过程中，教师还应考虑活动的趣味性和挑战性，激发学生的参与热情。

2. 创设交际氛围

教师要在课堂上为学生创设轻松愉悦的交际氛围。良好的课堂氛围是促进学生积极参与、勇于表达的前提条件。教师应以亲和、包容的态度对待学生，鼓励其大胆尝试，宽容失误。同时，教师要根据交际活动需要，灵活调整课堂布置，如分组讨论、角色扮演等，营造良好的互动环境。

3. 引导和协助学生

教师要在交际活动中适时引导和协助学生。教师不应完全放任学生自主交流，而是要在关键节点予以必要的指导和帮助。例如，当学生遇到表达障碍时，教师可以提供适当的词汇或句式提示；当交际活动偏离主题时，教师要及时引导学生回到正确的轨道上。教师的适度介入能够帮助学生更好地完成交际任务，体验成功的喜悦。

4. 进行总结和反馈

教师要对交际活动进行总结和反馈。活动结束后，教师应带领学生回顾整个过程，评价其表现，分析存在的问题。总结应针对学生在语言运用、交际策略、合作意识等方面的表现给予客观评价，并提出改进建议。通过总结和反馈，学生能够认清自身的优势和不足，激发学习的动力。

（三）教学评价

交际教学法作为高职英语教学的重要方法之一，其教学评价应着重关注学生语言交际能力的提升和课堂参与程度的评估。传统的英语教学评价往往偏重语法、词汇等语言知识的考查，忽视了学生语言运用能力的评估。而交际教学法强调语言的实际应用，旨在培养学生在真实情景中运用英语进行有效交流的能力。因此，交际教学法的评价体系应体现其教学理念，侧重对学生语言交际能力的考查。

首先，交际教学法的评价应采用多元化的评价方式，将形成性评价与终结性评价相结合。形成性评价贯穿教学过程的始终，教师可以通过课堂观察、提问、完成任务情况等方式，及时了解学生的学习状态和语言运用能力，给予适时的反馈和指导。这种及时的评价反馈有助于调动学生学习的主动性，增强其语言交际的信心。终结性评价（如期末考试、口语测试等）能够较为全面地评估学生一学期以来语言交际能力的进步情况。二者相结合，才能够更加客观、准确地反映学生的学习效果。

其次，交际教学法的评价内容应紧密联系实际语言运用情景，突出语言交际能力的考查。教师可以设计贴近学生生活和未来职业的交际任务，如情景对话、角色扮演、小组讨论等，让学生在模拟的真实情景中运用语言进行交流。评价的重点不应局限于语法结构、词汇运用的准确性，而应着眼于学生语言表达的流畅性、得体性以及交际策略的恰当运用。这就要求评价标准应该明确、具体，涵盖语言运用的各个方面，如发音、语调、语篇连贯、交际策略等。只有建立起科学、细致的评价标准，才能全面考查学生的语言交际能力。

最后，交际教学法的评价还应重视学生课堂参与程度的评估。交际教学法强调学生的主体地位，鼓励学生积极参与课堂互动、主动使用语言。因此，学生的课堂参与表现也应纳入评价体系。教师可以从学生发言的频率、质量，小组合作的情况，课堂活动的参与度等方面，综合评估学生的课堂参与状态。对于那些积极发言、主动互动的学生，教师应给予肯定和鼓励；而对于那些参与度较低的学生，教师则需要找出原因，给予针对性的指导和帮助。通过评价学生的课堂参与状态，激发学生学习语言的内在动机，提高其参与交际活动的自觉性。

三、项目式教学法

（一）框架与流程

项目式教学法是一种以项目完成为导向的教学活动设计理念和实践路径。它强调学生在教师引导下，通过参与具有挑战性、实践性的项目任务，主动建构知识体系，培养综合能力。在高职英语教学中应用项目式教学法，不仅能够提高学生的语言运用能力，更能促进其批判性思维、问题解决、团队协作等关键能力的发展。

高职英语项目式教学的设计框架通常包括项目准备、项目实施、项目评价三个环节。在项目准备阶段，教师需要根据教学目标和学生特点，精心设计项目任务。一个科学、合理的项目任务应具备以下特征：一是与教学内容紧密相关，能够引导学生运用所学语言知识完成任务；二是难度适中，既要有一定的挑战性，激发学生的探究欲望，又不能过于困难，以致超出学生的能力范围；三是具有实践性和开放性，鼓励学生创造性地解决问题，形成个性化的学习成果。

在项目实施阶段，教师要充分发挥引导者、协助者的角色，为学生提供必要的支持和帮助。教师可以通过示范、提问、点拨等方式，帮助学生厘清项目思路，突破难点、障碍。同时，教师还要重视营造民主、平等、协作的课堂氛围，给学生充足的自主探究空间。在这一过程中，小组合作是项目顺利开展的重要保障。教师应指导学生合理分工，促进组内成员之间的有效互动，使每名学生都能参与到项目任务中，体验合作学习的乐趣。

项目评价是项目式教学的关键环节，它不仅要考查学生的学习成果，更要注重学习过程的反思与优化。评价主体应包括教师评价、学生自评、组内互评等多个维度，评价内容既要关注语言知识和技能的掌握情况，也要重视学生在项目参与过程中展现出的探究能力、合作意识等综合素质。多元的评价视角和立体的评价内容，能够为学生提供全面、客观的反馈，帮助其认清自身优势和不足，不断改进学习策略，提升学习效果。

（二）合作学习策略

项目式教学法作为一种以项目为导向、强调学生主动参与和合作学习的教学方式，在高职英语教学中具有广阔的应用前景。在项目式教学中，教师通过精心设计富有挑战性和实践性的项目任务，引导学生通过小组合作的方式共同完成项目，在这一过程中，提升语言运用能力、团队协作能力和解决问题能力。

为了有效地实施项目式教学，教师需要根据教学目标和学生特点，制订科学合理的项目计划。一个优秀的项目计划应该具有明确的目标、合理的难度、可操作的流程和可评估的标准。同时，教师还应为学生提供必要的指导和支持，帮助其梳理项目思路，把控项目进度，解决项目难题。在项目实施过程中，教师要充分发挥引导者和协调者的作用，鼓励学生积极参与，促进小组成员之间的平等互动和有效沟通。

小组合作是项目式教学的重要策略。通过小组合作，学生能够在真实的语境中运用英语知识，在与他人互动中提升语言交际能力。为了保证小组合作的效果，教师应该合理分配小组成员，兼顾学生的语言水平、学习风格和性格特点，使每个小组都能形成优势互补、协同高效的团队合作氛围。在小组内部，成员之间要明确分工，各司其职，通过头脑风暴、讨论辩论等方式集思广益，共同推进项目进程。小组合作不仅能够提高项目完成质量，更能培养学生的责任意识和团队精神。

项目成果的展示和评价是项目式教学的关键环节。通过成果展示，学生能够充分展现自己的语言能力和创新思维，体验成就感和自豪感。教师可以采用多元化的展示方式，如演讲、辩论、情景剧表演等，激发学生的参与热情。在评价项目成果时，教师应该制订科学的评估标准，全面考查学生在语言运用、内容组织、方法技能等方面的表现。同时，教师还要引导学生开展自评和互评，培养其自主学习和批判性思维的能力。评价不应该是学习的终点，而应该成为学生进一步提升和发展的起点。

（三）知识与技能培养

项目式教学法作为一种以学生为中心、以项目为载体的教学模式，在高职英语教学中具有重要的应用价值。在项目实施过程中，知识点教学与能力提升是两个紧密相连、相互促进的重要环节。通过对项目内容的深入分析和合理设计，教师可以将英语语言知识与职业技能培养有机结合，实现知识传授与能力训练的双重目标。

从知识点教学的角度来看，项目式教学法为学生提供了运用英语知识的真实情景。在项目实施过程中，学生需要运用已学的词汇、语法、语篇等知识来完成任务，这种情景化的学习方式有助于加深学生对知识点的理解和记忆。同时，教师还可以根据项目内容，有针对性地补充相关知识，拓展学生的知识面。例如，在"酒店服务"项目中，教师不仅要教授与酒店服务相关的专业词汇，还可以引入跨文化交际的知识，提高学生的文化敏感性和交际能力。

从能力提升的角度来看，项目式教学法为学生提供了综合运用语言知识、提高实际语言运用能力的机会。在项目实施过程中，学生需要通过调查、讨论、撰写报告、展示汇报等环节来完成任务，这一系列活动不仅可以锻炼学生的听、说、读、写等语言技能，更能培养学生的团队协作、解决问题、批判性思维等关键能力。例如，在"外贸业务"项目中，学生需要进行市场调研、撰写商业计划书、进行商务谈判等活动，这些活动不仅能提高学生的英语水平，更能培养其商务实战能力和职业素养。

四、互动式教学法

(一) 基本原则

互动式教学法是一种强调师生互动、生生互动的教学方式，旨在打破传统的"满堂灌"模式，激发学生学习的主动性和参与性。在互动式教学中，教师不再是高高在上的权威，而是学生学习的引导者、促进者和合作者。教师通过精心设计教学活动，为学生提供表达观点、交流思想的平台，鼓励学生积极思考、勇于质疑，在平等、民主的氛围中实现知识的内化和能力的提升。

互动式教学法的核心在于对话和交流。教师应努力营造开放、包容的课堂氛围，鼓励学生畅所欲言，表达自己的见解。在教学过程中，教师可以提出富有启发性的问题，引导学生深入思考，激发其探究欲望。同时，教师还应善于倾听，尊重学生的个性化表达，给予及时反馈和鼓励。在这种师生互动中，学生不仅能够深化对知识的理解，更能锻炼语言表达、逻辑思维等关键能力。

除了师生互动，互动式教学法还十分重视学生之间的交流与合作。通过小组讨论、角色扮演、情景模拟等多样化的教学活动，学生可以相互启发，取长补短。在与他人的交流碰撞中，学生能够接触不同的观点和想法，学会换位思考，培养宽容、理解的品格。同时，在协作完成任务过程中，学生的团队意识、组织协调能力也能得到锻炼和提升。这些宝贵的情感体验和社会技能，将成为学生成长发展的重要财富。

(二) 高职英语应用

互动式教学法是高职英语教学中一种行之有效的教学方式，它强调教师与学生、学生与学生之间的积极互动，通过创设真实情景，促进学生主动参与，提高英语学习的兴趣和效率。在互动式教学中，教师不再是知识的唯一传授者，而是学习活动的组织者、引导者和合作者。教师精心设计教学内容和环节，营造轻松愉悦的课堂氛围，鼓励学生畅所欲言，激发其表达和交流的欲望。同时，教师还要关注每名学生的学习状态，根据其特点，给予针对性的指导和帮助，使其在互动中获得成就感，增强学习信心。

在实际教学中，教师可以采用多种互动形式，如师生对话、小组讨论、角色扮演、情景模拟等，让学生在"用中学"、在"学中用"。以小组讨论为例，教师可以根据教学内容，将学生分成若干小组，给每组布置明确的任务，如围绕某个话题进行讨论或完成某项具体的语言实践活动。在讨论过程中，学生通过头脑风暴产生思想的碰撞，相互启发，共同探究，不仅能够加深对所学知识的理解，提高语言运用能力，还能够培养团队合作意识和领导力。教师在讨论中适时引导，提供必要的帮助，使讨论不断深入，达到预期的教学目标。

值得注意的是，互动不等于简单的问答或机械的练习，它必须建立在学生已有知识和经验的基础之上，能够激发学生运用语言的内在动机。因此，教师要精心选择话题，确保其贴近学生生活，富有吸引力和挑战性。话题内容要与学生的认知水平相适应，难度适中，既不能太简单以致引不起兴趣，也不能太难以致打击积极性。此外，互动还要体现层次性和递进性，由浅入深、由易到难，逐步提高学生的语言运用能力。

互动式教学法还有助于创设良好的课堂生态。在互动中，师生地位趋于平等，学生敢于表达自己的观点，教师虚心接纳学生的意见。这种民主、和谐、宽松的课堂氛围有利于学生个性的自由发展，使其成为学习的主人。同时，在与他人频繁互动的过程中，学生的社交技能、表达能力、倾听能力、移情能力等得到锻炼和提升，为其终身发展奠定基础。

（三）反馈与调整

互动式教学法是一种注重师生互动、学生参与的教学方式，在高职英语教学中具有重要意义。通过互动评估教学效果，教师能够及时了解学生的学习状况，发现教学中存在的问题，并作出相应的调整和改进。这不仅有助于提高教学质量，更能够促进学生英语综合能力的提升。

在互动式教学中，教师应采用多元化的评估方式，全面考查学生的语言知识、交际能力、文化意识等。例如，教师可以通过提问、小组讨论、情景对话等形式，引导学生积极思考、主动表达，在互动中展现语言运用能力。同时，教师还应关注学生在互动过程中表现出的学习态度、合作意识、创新思维等，这些都是评估学生综合素质的重要依据。

互动评估不应局限于课堂，还应延伸到课后。教师可以布置一些开放性的任务，如撰写英语日记、参与英语角活动、开展跨文化交流等，鼓励学生在真实语境中运用所学知识。通过对学生课后表现的观察和评价，教师能够更全面地了解其语言应用能力和学习需求，为进一步优化教学提供参考。

互动评估的反馈十分关键，教师应及时向学生传递评估信息，帮助其认识自身优势和不足。反馈应具有针对性和建设性，不仅指出问题所在，更要提供改进策略和方法。通过有效反馈，学生能够明确学习目标，调整学习策略，从而提高学习效率和自主学习能力。

五、情景教学法

（一）教学内容构建

情景教学法的教学内容构建需要立足于创建贴近真实情景的教学场景。在高职英语教学中，教师应根据教学目标和学生特点，精心设计富有情景感和交际性的教学内容。这不仅能够激发学生的学习兴趣，调动其主动性和参与性，更能够帮助其在模拟真实语境中理解和运用英语知识，提升实际语言运用能力。

构建情景化教学内容的首要任务是选取恰当的教学素材。教师应广泛收集与教学主题相关的真实语料，如英文报刊、广播、视频等，从中筛选出富有情景感和交际性的内容。这些素材不仅能够为学生提供地道、真实的语言输入，更能够帮助其了解英语国家的文化背景和交际习惯。在选材过程中，教师还应考虑材料的难度和学生的认知水平，确保其在理解输入的基础上，能够输出目标语言。

在教学内容组织上，教师应围绕特定的交际情景，设计一系列紧密联系、递进发展的教学活动。这些活动应涵盖听、说、读、写等语言技能的训练，并为学生提供充分的语言实践机会。例如，在学习求职面试相关内容时，教师可以先播放求职面试的视频片段，引导学生观察面试官和应聘者的言行举止，分析其中蕴含的文化差异。随后，教师可以组织学生进行角色扮演，让其分别扮演面试官和应聘者，模拟真实的面试场景。在角色扮演过程中，学生需要运用所学词汇、语法和语用策略，与对方进行有效互动。这不仅能够提高学生的语言运用能力，更能够培养其跨文化交际意识，增强其文化适应性。

（二）角色扮演与互动

在情景教学法中，角色扮演与互动是促进学生在模拟情景中练习语言交际的重要途径。通过设计贴近生活、富有挑战性的情景任务，教师能够激发学生的学习兴趣，调动其主动参与的积极性。在角色扮演过程中，学生需要根据所扮演的角色身份、思维方式和情感特征，运用已学的语言知识与技能，开展符合情景的语言交际活动。这一过程不仅能够帮助学生巩固和运用所学知识，提升其语言运用能力，更能培养学生换位思考、共情理解的能力，促进其情感态度的积极发展。

在设计角色扮演情景时，教师应充分考虑学生的语言水平、认知特点和兴趣爱好，创设难度适中、富有吸引力的交际情景。例如，在学习"At the Restaurant"主题时，教师可以设计"顾客点餐"的情景，让学生分别扮演顾客和服务员的角色，运用所学词汇和句型进行对话互动。在这一过程中，学生不仅能够练习餐饮场合的语言表达，还能体验真实交际情景下的语用策略，如怎样礼貌地提出要求、如何恰当地回应顾客需求等。这种沉浸式的语言实践，能够帮助学生建构起丰富、立体的语言知识网络，提升其语言交际的流利度和准确性。

除了精心设计角色扮演情景，教师还应重视对互动过程的引导和反馈。在学生进行角色扮演时，教师应适时提供必要的语言支持和策略指导，鼓励学生大胆尝试、勇于表达。同时，教师还应对学生的表现给予及时、具体的反馈，帮助其认识并改进语言表达中的问题，巩固和内化语言交际的技巧。通过教师与学生、学生与学生之间的多向互动，营造积极、愉悦的课堂氛围，学生的语言学习兴趣和动机也能得到进一步激发。

（三）优势与挑战

情景教学法在高职英语教学中的应用具有显著优势，能够有效地提升学生的语言运用能力和综合素质。情景教学法通过创设贴近真实情景的教学场景，激发学生学习兴趣，调动其主动性和参与性。在模拟情景中，学生可以充分练习语言交际技能，提高语言的实际应用水平。同时，情景教学法也有利于培养学生的团队协作意识和解决问题能力。在角色扮演和互动过程中，学生需要与他人合作，共同完成任务，这对于提升其沟通表达、人际交往等关键能力具有重要意义。此外，情景教学法还能够拓宽学生的知识视野，丰富其人文素养。教师可以精心设计富有教育意义的情景，如跨文化交际、职场情景等，引导学生体验不同文化背景下的语言运用，了解职业岗位的基本要求。这些体验不仅能够帮助学生形成正确的价值观念，也能为其未来走向工作岗位奠定基础。

然而，情景教学法在实施过程中也面临着一些挑战。首先，设计真实、有效的教学情景需要教师投入大量的时间和精力，对教师的教学设计能力提出了较高要求。其次，在实际教学中组织学生开展情景活动，需要教师具备较强的课堂管理和把控能力，能够根据教学进程灵活调整教学策略。最后，部分学生语言基础薄弱、自信心不足，可能在情景教学活动中表现出放不开、不愿参与的状态，这就需要教师因材施教，耐心引导。

针对这些挑战，教师应加强教学设计理念和实践技能的学习，提升情景创设和教学组织的能力。同时，教师还应关注学生的个体差异，针对不同学生设计具有难度梯度的任务，鼓励其在力所能及的范围内参与实践。在情景教学过程中，教师也要注重营造轻松愉悦的课堂氛围，多给予学生积极反馈，增强其参与实践的信心。

第二章　高职英语教学中的德育浸润

第一节　高职英语语言知识传授中的德育浸润

一、高职英语词汇教学中的德育浸润

（一）词汇教学与价值观形成

词汇教学是高职英语课程的重要组成部分，它不仅关乎学生语言能力的提升，更承载着价值观教育的重要功能。教师在选择词汇教学内容时，应充分考虑其中蕴含的德育元素，通过恰当的方式将社会主义核心价值观渗透其中，引导学生形成正确的人生观和价值取向。

在日常词汇教学中，教师可以有针对性地选取一些与品德修养、行为规范相关的词汇，引导学生思考其背后的道德内涵。例如，在教授"honesty""integrity"等词汇时，教师可以通过讲解词源、列举案例等方式，帮助学生深刻理解诚实守信的重要性，培养其做人做事的基本操守。又如，在教授"responsibility""commitment"等词汇时，教师可以引导学生反思个人在家庭、学校、社会中的角色定位，明确自己应尽的责任和义务，从而树立正确的人生目标和奋斗方向。

除了显性的品德教育，教师在词汇教学中，还应注重培养学生的家国情怀和文化自信。通过对比中西方文化中蕴含的价值理念，引导学生辨析其异同，既能拓宽其国际视野，又能坚定其文化立场。例如，"red"在中国文化中象征喜庆、吉祥，而在西方文化中往往代表危险、禁止；"dragon"在中国传统文化中是权力和尊贵的象征，而在西方世界却常常被视为邪恶的化身。通过分析这些词汇在不同文化语境下的内涵差异，学生能够更加深刻地认识中华文化的独特魅力，增强民族自豪感和自信心。

词汇教学还应与学生的专业学习和职业发展相结合，培养其职业道德和敬业精神。例如，在教授"craftsmanship""professionalism"等词汇时，教师可以列举本专业领域的优秀代表人物，解读其成功奥秘，激励学生向榜样看齐，将

专业素养与职业操守有机统一起来。通过将行业规范、职业精神等融入词汇教学，学生能够更加明确自己肩负的时代使命，树立远大的职业理想。

（二）专业术语中的德育内涵

在职业教育中，专业术语不仅仅是特定领域的专有名词，更蕴含着丰富的职业伦理内涵。通过专业术语的学习和应用，学生不只是掌握了一种交流的工具，更重要的是内化了职业道德规范，树立了正确的职业价值观。教师在引导学生理解专业词汇时，应该充分挖掘其中蕴含的德育元素，帮助学生建立起专业技能与职业操守的内在联系。

任何一个行业都有特定的伦理规范和行为准则，都对从业者的道德品质有着高标准、严要求。这些要求往往通过本行业的专业术语得以体现和传承。教师在教学中要善于捕捉这些德育契机，引导学生在语言学习过程中感悟职业精神的力量。

专业术语中的德育资源并非总是那么直观和显性。教师还需要学会换位思考，以学生的视角去发掘词汇背后隐藏的价值取向。例如"工匠精神"一词，不仅标志着娴熟的专业技艺，更彰显着对完美的不懈追求；而"售后服务"概念则体现了对消费者负责任的态度和与人为善的情怀。教师要引导学生透过语言表象，洞察职业世界的伦理要义。

二、高职英语语法教学中的德育浸润

（一）语法规则与行为规范的类比教学

语法规则作为语言运用的基本准则，其逻辑严密、系统完整的特点与社会行为规范所要求的条理性和权威性不谋而合。将语法教学与培养学生遵守社会规范意识相结合，不仅能够加深学生对语法知识的理解和掌握，更能引导其形成良好的行为习惯，提升道德修养。

在英语语法教学中，教师可以通过类比的方式，引导学生认识语法规则与行为规范之间的内在联系。例如，在讲解主谓一致时，教师可以类比社会分工和协作的重要性，指出主语和谓语在句子中的不同角色必须相互配合，才能表达完整的意思，正如社会生活中每个人扮演不同的角色，履行各自的职责，社会才能有序运转。又如，在讲解虚拟语气时，教师可以引导学生思考"己所不欲，勿施于人"的道理，指出虚拟语气所表达的礼貌、谦逊、推测等语气正是对他人的一种尊重，体现了为人处世的基本原则。

通过语法规则与行为规范的类比教学，学生不仅能够加深对语法知识的理解和记忆，更能感悟到遵守规则、尊重他人的重要性，培养自觉维护社会秩序的意识和责任感。同时，这种教学方式也有助于营造良好的课堂氛围，激发学生的学习兴趣，使枯燥乏味的语法学习变得生动有趣、富有意义。

教师还可以在语法练习中融入行为规范教育元素，设计一些与学生生活密切相关的情景，引导学生运用所学语法知识进行交际，并在交际过程中践行文明礼貌、诚实守信等行为准则。例如，在学习情态动词时，教师可以设计求助、道歉、委婉表达等场景，指导学生恰当地使用情态动词，体现对他人的尊重和善意；在学习定语从句时，教师可以引导学生使用定语从句客观、准确地描述事物，培养其如实表达、诚实守信的品质。

（二）语境分析中的道德判断

在语境分析教学中，教师可以通过设置不同的交际情景，引导学生思考在面对道德困境时，如何做出正确的判断和决策。这一过程不仅能够提高学生的语言运用能力，更能够培养其道德敏感性和伦理决策力。

教师可以选取一些富有道德冲突的英语材料，如新闻报道、文学作品等，让学生通过分析人物的言行、所处的情景来判断其行为的道德性。在这一过程中，教师要引导学生运用所学的语言知识和文化背景，深入分析人物的心理动因和行为后果，揭示道德选择背后的复杂性。例如，在分析一则有关商业贿赂的新闻报道时，教师可以设置一系列问题：为什么当事人会做出这样的选择？他面临怎样的利益冲突？这一行为可能带来哪些后果？通过回答这些问题，不仅能够锻炼学生的语言表达和逻辑思辨能力，更能培养其换位思考的同理心和审慎决策的意识。

除了分析现成的语料，教师还可以设计一些开放性的道德情景，让学生通过小组讨论、角色扮演等方式，探索在不同立场和处境下如何权衡利弊、做出抉择。例如，在模拟一个关于环境保护和经济发展的辩论时，教师可以让学生分别扮演政府官员、企业家、环保主义者等角色，从不同的视角阐述己见，最终达成共识。这种沉浸式的体验活动，能够帮助学生深切感受道德困境的挣扎与艰难，学会在多元价值中寻求平衡。

需要强调的是，语境分析中的道德判断不应局限于对是非曲直的简单论断，而应关注价值观的多元性和决策过程的复杂性。教师要引导学生摆脱非黑即白的思维定式，学会辩证地看待问题，理解不同立场背后的合理性。同时，教师还要帮助学生厘清道德推理的逻辑链条，学会用理性和同理心去说服他人，而不是简单地发表情绪化的见解。

（三）积极语态与消极语态反映的人生态度

在高职英语语法教学中，积极语态和消极语态的运用不仅是语言知识点，更蕴含着深刻的人生哲理。语态作为反映说话人观点和态度的语法手段，与人生态度有着紧密联系。教师应充分利用这一契机，在传授语法知识的同时，引导学生以积极乐观的心态面对人生的种种挑战。

积极语态强调主语的能动性和主动性，突出了主语在动作中的主导地位。这种表达方式传递出一种积极进取、勇于担当的人生态度。教师可以引导学生思考：当面对困难和挫折时，我们是消极等待，还是主动出击？是坐以待毙，还是迎难而上？积极语态所蕴含的拼搏精神和进取意识，正是人们应对人生挑战所需要的宝贵品质。

与之相对，消极语态则强调主语的被动性和无助感，突出了主语在动作中的承受地位。这种表达方式容易让人产生消极悲观、无力感的情绪。教师应该引导学生正确地看待消极语态，理解生活中的某些挫折和困境确实不以个人意志为转移，关键是要用积极的心态去面对、去接纳、去调整，而不是一蹶不振、自暴自弃。

在教学实践中，教师可以设计一些情景对话或写作任务，让学生运用积极语态或消极语态描述同一事件，体会不同表达方式对情感的影响。例如，面对"求职失败"这一情景，消极语态可能是"我被拒绝了"，而积极语态则可以表达为"我从这次失败中得到了经验和教训"。通过这样的对比，学生能够直观地感受语态在表达情感上的差异，领悟积极语态的情感价值。

三、高职英语阅读教学中的德育浸润

（一）英文文献中道德议题的引入与讨论

在高职英语阅读教学中，引入具有道德内涵的英文文献，可以有效地增加德育元素，增进学生对重要道德问题的理解与反思。阅读材料的选择是关键，教师应精心挑选蕴含丰富道德思考空间的文章，如涉及诚信、责任、平等、正义等永恒主题的作品。通过解读这些富有哲理的文章，学生不仅能提高英语阅读理解能力，更能深刻领会文章背后的道德寓意，形成正确的价值观念。

在教学过程中，教师可以采取多种形式引导学生深入思考文章内容。例如，在阅读关于诚信的文章后，教师可以组织学生讨论"诚信"在个人成长和社会发展中的重要性，分享自己的见解和经历。又如，教师可以设置开放性问题，鼓励学生从不同角度分析文章中的道德困境，提出解决方案。这些探讨不仅能加深学生对文章内容的理解，也能锻炼其分析问题、表达观点的能力。此外，教师还可以专门开设导读课，对蕴含丰富道德内涵的经典篇章进行深入解读，引导学生感悟人生智慧，塑造高尚品格。

在阅读教学中进行德育浸润，不是简单的说教，而是要激发学生的道德思考。教师要以平等、开放的态度组织教学，尊重学生的独特感悟，鼓励其表达个人观点。同时，教师也要善于捕捉阅读材料中的道德议题，引导学生展开讨论、交流，在思想碰撞过程中加深对道德问题的认识。只有让学生主动参与到道德思考中，才能真正唤起其道德情感，并促使其将这种情感内化为自觉行动。

（二）批判性阅读与道德判断力培养

批判性阅读是一种深层次的阅读方式，它要求读者在理解文本字面意义的基础上，对文本的内容、论证、逻辑等进行质疑、分析和评判。这种阅读方式不仅能够帮助学生更全面、更深入地理解文本，还能够培养其独立思考和道德判断的能力。

在高职英语阅读教学中，教师应有意识地引导学生进行批判性阅读。一方面，教师要选择合适的阅读材料，这些材料不仅要符合学生的语言水平，更要具有一定的思想深度和价值取向。例如，一些反映社会问题、探讨人生哲理的文章，非常适合进行批判性阅读。另一方面，教师要设计恰当的问题，引导学生对文本进行多角度的分析和思考。这些问题可以涉及文章的主旨、作者的观点、论证的逻辑、隐含的价值观等方面。通过回答这些问题，学生能够学会站在不同的立场上审视问题，形成自己的见解和判断。

在批判性阅读过程中，教师还应鼓励学生勇于质疑权威，敢于挑战既定观点。一些看似正确的观点，经过深入分析可能存在漏洞；一些被广泛接受的价值观，也可能具有局限性。教师要培养学生批判性思维的勇气和能力，使其不盲从、不人云亦云，学会用事实和逻辑进行论证。只有这样，学生才能真正掌握批判性阅读的精髓，成为具有独立思考能力的人。

当然，批判性阅读不等于无端质疑、苛求完美。教师在引导学生进行批判性阅读时，还要注重培养其理性、客观、审慎的态度。对一篇文章的评判，应该建立在全面理解和充分论证的基础之上，不能凭主观臆断随意否定。同时，学生也要学会欣赏文章的优点，吸收其中的精华。批判性阅读的目的，不是简单地判断对错，而是要在批判中吸收，在质疑中完善，最终达到对真理的追求和对自我的完善。

四、高职英语听力教学中的德育浸润

（一）听取英语材料中的道德典范

在高职英语听力教学中，选取蕴含道德教化内容的英语材料，是培养学生职业素养和价值观的重要途径。教师应精心挑选那些反映崇高道德情操、展现优秀品格力量的听力素材，使学生在聆听过程中受到心灵的震撼和洗礼。例如，一段描述平凡人物无私奉献精神的访谈录音，一则报道见义勇为先进事迹的新闻听力，都能给学生以深刻的道德启迪。在聆听这些鲜活生动的案例时，学生不仅能够提高英语听力水平，更能潜移默化地内化吸收其中蕴含的价值理念，增强社会责任感和使命担当意识。

在设计听力教学活动时，教师还应引导学生对材料中的道德议题展开深入思考和讨论。通过设置开放性问题，鼓励学生用英语表达自己的观点和看法，引发思维的碰撞和观念的交锋。在这一过程中，学生不仅能锻炼英语口语表达能力，更能在与他人的交流互动中，形成正确的是非判断和价值取向。例如，在聆听完一则反映环保主题的英语材料后，教师可以设置"如何看待人与自然的关系"这一问题，引导学生用英语阐述自己的环保理念，并提出在日常生活中践行绿色生活方式的可行举措。在交流和碰撞中，学生能够吸收他人的观点，反思自身的不足，进一步增强环境保护意识和社会责任感。

教师还可以创设情景，设计体验式的道德学习活动。借助多媒体技术手段，营造身临其境的场景氛围，让学生沉浸式地体验听力材料反映的情景，感同身受地理解其中蕴含的道德寓意。例如，教师可以选取一段反映医患关系的英语访谈，讲述一名医生悉心照料患者、换位思考的动人事迹。在聆听过程中，学生仿佛置身医院的诊疗现场，体会医生对生命的敬畏之心，感受医者仁心的崇高境界。在设身处地的沉浸式体验中，学生能够获得心灵的震撼，领悟医德的真谛，进而思考未来从医需要坚守的职业操守。

（二）跨文化交流中的道德倾听

跨文化交流中的道德倾听是培育学生尊重不同文化背景下道德观念的重要途径。在全球化时代，不同文化背景下的道德观念呈现出多元化的特点。每种文化都有其独特的价值取向和行为规范，这些差异化的道德观念深深植根于各自的历史传统、社会制度之中。作为未来社会的建设者，学生必须学会以包容、开放的心态看待和对待不同文化中的道德观念，在交流互鉴中达成共识，在求同存异中实现和谐共处。

高职英语听力教学为培育这种跨文化道德倾听能力提供了绝佳平台。通过选取具有不同文化背景的英语听力材料，教师可以引导学生感知文化差异，领悟道德多样性。例如，教师可以选取反映中西方文化中对待老年人的不同道德要求的听力材料，引导学生比较分析其中的异同，理解每种文化背后的价值理念和社会根源。在听力练习过程中，教师应鼓励学生摒弃成见和偏见，以平等、谦逊的态度聆听和理解不同的声音，体会不同文化在道德问题上的独特见解。

跨文化交流中道德倾听的培育还要求学生具备深厚的文化底蕴和广博的知识视野。只有对不同文化有足够的了解和认识，学生才能站在全人类的高度，以宽广的胸襟和开阔的眼界看待道德问题。因此，高职英语听力教学不能局限于语言技能的训练，更应成为拓宽学生文化视野、提升人文素养的重要渠道。教师可以精心选取反映不同国家、民族历史文化和社会风貌的英语听力材料，帮助学生全面、立体地认识世界文明的多样性。同时，教师还要引导学生思考人类共同面临的道德困境，探讨不同文化在处理这些问题时的价值取向，从而升华学生的道德境界，强化其对人类命运共同体的认同。

培育跨文化交流中的道德倾听能力还需要学生具备正确的文化沟通意识和交流技能。在感受不同道德观念的同时，学生还应学会用恰当、得体的方式表达自己的看法，与他人展开深入、平等的对话。这就要求学生掌握文化交流中的语言艺术，注重语言的准确性、礼貌性和得体性。例如，当面对与己方观点不同的道德主张时，学生不应直接否定或批评，而应以疑问句、虚拟语气委婉表达异议，给予对方充分阐释的空间。这种审慎、周全的跨文化道德对话方式有助于消除隔阂，增进理解，达成共识。教师可以在英语听力教学中设计角色扮演、小组讨论等交互式活动，为学生提供实践跨文化道德对话的机会，从而提升其沟通效能。

五、高职英语写作教学中的德育浸润

（一）论述文写作中表达正确价值观

在高职英语论述文写作教学中，引导学生贯彻正面价值导向至关重要。论述文旨在通过清晰的论证过程，说服读者接受作者观点。因此，其本质是一种有目的的说理活动，必然蕴含着作者的价值取向。在全球化时代背景下，高职学生正处于价值观形成和确立的关键时期，他们的思想易受外界影响，价值判断尚不成熟。作为教育工作者，英语教师肩负着引导学生树立正确价值观的重任。引导学生在论述文写作中表达正确的价值观需从以下几点着手。

1. 充分挖掘教材中的德育元素

教师应精心选择论述文范文，优先选用那些体现爱国主义、集体主义、社会主义核心价值观的文章。通过范文学习，学生不仅能掌握论述文写作的方法和技巧，更能感悟到作者文章背后的价值立场。教师还要引导学生剖析范文作者的论证思路，揭示作者如何从特定的价值立场出发，选取恰当的论据，进行有说服力的论证，最终达成说服读者的目的。在此过程中，学生能够理解价值观与论证立场、论证方法的内在联系，学会自觉地将正面价值观融入论证过程之中。

2. 高度重视论述文写作主题的价值导向

写作主题是论述文的灵魂，它决定了文章的价值取向和说理方向。因此，教师在指导学生选择论述文主题时，要注重主题的积极性和正面性。要鼓励学生就社会热点问题、职业伦理话题进行深入思考，引导其用辩证、发展的眼光分析问题。对于一些具有争议的问题，教师应引导学生从社会主义核心价值观的维度思考问题，澄清模糊认识，化解价值困惑，最终形成正面、积极的价值判断。只有思想立场正确，论述文才能真正发挥教化育人的作用。

3. 高度重视论述文语言的价值内涵

语言是价值观的载体，蕴含着丰富的价值判断。在英语论述文写作中，学生要学会使用蕴含正面价值观的词汇和表达方式。教师要引导学生在论证过程中有意识地选取积极向上、催人奋进的词汇，用充满正能量的语言表达观点。对于一些带有消极或负面色彩的词汇，要慎用慎写，避免价值导向模糊。语言的选择要符合论证需要，但更要符合社会主流价值观，这样才能保证论述文的价值导向正确、清晰、鲜明。

4. 注重培养学生的批判性思维能力

教师要注重培养学生的批判性思维能力，提高其辨别和抵御错误思想的能力。在信息高度发达的今天，学生接触到的观点和思想日益多元，其中不乏一些负面、错误的价值观念。如何甄别这些观点，抵御错误思想的侵蚀，是摆在每名学生面前的严峻挑战。而论述文写作恰恰为学生提供了一个检视、反思自我价值观的机会。教师要引导学生在论述问题过程中学会独立思考，敢于质疑，善于分析，通过比较、论证，去伪存真，在批判反思中淬炼价值观，在反复思辨中强化价值立场。唯有如此，学生才能在纷繁复杂的社会现实中保持头脑清醒，才能用坚定的理想信念武装自己，成长为有家国情怀、有社会担当的时代新人。

（二）叙事文创作与品德教育

在叙事文创作中，教师可以鼓励学生以高尚的人格和行为准则为创作主题，将品德教育巧妙地融入文学创作过程中。这种创作实践不仅能够提升学生的写作技能，更能引导其思考人生价值和道德规范，在潜移默化中塑造学生高尚的道德品质。

教师可以引导学生以正面人物为主角进行叙事文创作。这些人物既可以是现实生活中的道德典范，如助人为乐的志愿者、诚实守信的商人、敬业奉献的科学家等；也可以是虚构的文学形象，如具有崇高理想和坚定信念的革命者、勇于担当和无私奉献的领导者等。通过塑造这些高尚人格，学生能够深入思考什么是值得追求的品质，什么是应该坚守的原则，进而明晰自身的道德认知和价值追求。

在创作过程中，教师还应引导学生将情节设置与品德表现紧密结合起来。优秀的叙事作品往往通过人物在复杂情景中的抉择和行为来彰显其道德品质。教师可以鼓励学生设计一些富有张力的矛盾冲突，让主角在困境中坚持原则、勇于担当，在关键时刻做出正确选择，以此来凸显人物高尚的道德操守。同时，教师还可以引导学生适当地加入议论和抒情元素，通过人物的内心独白、环境描写等，深入揭示道德选择背后的思想动因，引发读者的情感共鸣和价值思考。

叙事文创作还可以成为学生进行道德对比和反思的平台。教师可以鼓励学生在作品中设置正反两类人物，通过对比描写来凸显道德的力量和意义，让学生在创作中体会高尚品德带来的内心平和与自信，赢得他人的尊重与信任；而偏离道德准则会招致内疚与谴责，导致人际关系的破裂与人生价值的迷失。通过这种对比反思，学生能够更加理性地审视自我，坚定践行道德规范的信念。

（三）写作风格与道德自律

在高职英语写作教学中，培养学生的道德自律意识至关重要。写作不仅是语言表达的过程，更是思想传递和价值观塑造的载体。教师应引导学生在写作中坚持诚信原则，尊重知识产权，树立学术诚信意识。同时，教师还要帮助学生形成严谨的写作态度，追求内容的真实性和原创性，摒弃抄袭、造假等不良行为。

写作教学中的道德自律教育需要体现到教学的方方面面。在写作主题选择上，教师可以引导学生关注社会热点问题，鼓励其用笔表达对公平正义、诚信友善等价值观的思考。在写作过程中，教师应强调规范引用和注释的重要性，帮助学生养成尊重他人劳动成果的习惯。在写作评价环节，教师不仅要关注学生的语言表达能力，更要重视其观点是否真实可信、论证是否严密有据。通过系统化、多维度的道德自律教育，学生能够逐步树立起端正的写作价值观。

高职英语写作教学中的道德自律教育还应注重情景创设和榜样示范。教师可以选取一些学术不端的反面案例，引导学生分析其危害性和违法性，加深其对学术诚信的理解。同时，教师还可以介绍一些恪守学术道德的优秀学者事迹，让学生感受坚守诚信的力量和意义。在具体的写作训练中，教师应为学生营造诚实守信、鼓励原创的氛围，引导其养成自觉抵制抄袭、弘扬学术诚信的意识和习惯。

第二节　高职英语语言能力培养中的德育浸润

一、语言能力与德育目标的结合

(一) 德育目标确立

高职英语语言教学中德育目标的确立，要以培养高尚道德情操与语言技能并重的学生为宗旨。这一目标的实现，需要教师在教学过程中巧妙地将语言知识与德育内容相融合，引导学生在学习语言的同时，感悟人生真谛，树立正确的价值观念。

德育目标与语言教学目标并非两个独立的范畴，而是相辅相成、密不可分的有机整体。语言作为人类最重要的交际工具，承载着丰富的文化内涵和道德理念。每一个单词、每一个句式的背后，都蕴含着特定的价值取向和人生哲理。因此，英语教师在传授语言知识的同时，也肩负着引导学生形成健全人格、高尚情操的重任。

要在高职英语教学中有机融入德育内容，教师首先需要转变教学理念，树立"育人为本"的教学思想。教师要深刻认识到，学生的全面发展不能局限于语言技能的提升，更关乎其道德品质、思想觉悟的养成。只有将这一理念内化于心、外化于行，教师才能自觉地将德育渗透到教学的各个环节。

其次，教师要精心设计教学内容，挖掘教材中蕴含的德育元素。高职英语教材涵盖了丰富多样的话题，如环保、诚信、责任、爱国主义等，都与德育密切相关。教师要善于捕捉这些德育契机，通过创设情景、讨论分析等方式，引导学生深入思考这些话题背后的道德内涵，并将其内化为自身的价值准则。

再次，教师要创新教学方法，让德育教育贴近学生生活实际。空洞的说教往往难以引起学生的共鸣，反而会引起他们的反感。因此，教师要善于运用案例分析、角色扮演、情景模拟等生动活泼的教学方式，让学生在身临其境的体验中感悟德育内容，实现知行合一。同时，教师还要注重挖掘学生的生活经验，引导他们将所学知识与现实生活相联系，在解决实际问题的过程中提升道德修养。

最后，教师要着力构建德育评价体系，将德育教育落到实处。传统的语言教学评价往往偏重语言技能的考查，忽视了对学生道德品质的评估。为了突破这一局限，教师要制订科学、全面的评价标准，将学生的道德表现纳入考核范围。评价的重点不仅在于学生掌握了多少语言知识，更在于他们在学习过程中展现出怎样的价值取向、道德情操。只有建立起完善的评价机制，德育教育才能真正落地生根，促进学生的全面发展。

（二）教学内容融合方式

在高职英语教学中，如何将教学内容与德育目标有机融合，进而引导学生形成正确的世界观，是每名教育工作者需要深入思考和探索的重要课题。案例教学、故事教学和话题讨论是实现这一目标的有效路径。

1. 案例教学

案例教学能够将抽象的德育内容具体化，增强教学的生动性和吸引力。教师可以精心选取蕴含丰富德育元素的真实案例，引导学生分析案例中的人物行为、价值取向，探讨其中蕴含的道德内涵。例如，在学习环保话题时，教师可以引入"塑料污染"的真实案例，引导学生思考人类活动对环境的影响，培养其珍惜资源、保护环境的意识。在分析案例过程中，学生不仅能够加深对所学语言知识的理解和运用，更能内化案例所传递的正确价值观，提升道德判断力和实践力。

2. 故事教学

故事教学是将德育目标渗透到英语教学中的一种有效方式。生动有趣的故事往往能够吸引学生的注意力，激发其学习兴趣。教师可以选取蕴含丰富道德内涵的英文故事，在引导学生学习语言知识的同时，帮助其领悟故事所传递的人生智慧和道德真谛。例如，在"诚实"主题教学中，教师可以讲述"诚实的小男孩"的故事，引导学生思考诚实的重要性，培养其诚实守信的品质。故事教学不仅能够丰富教学内容，提升课堂趣味性，更能潜移默化地影响学生的价值观念，实现德育目标。

3. 话题讨论

话题讨论是将德育内容与语言教学深度融合的重要途径。通过设计富有思想性和针对性的话题，教师能够引导学生开展深入的思考和讨论，在锻炼语言交际能力的同时，引导其形成正确的世界观、人生观和价值观。例如，在"友谊"主题教学中，教师可以设计"什么是真正的友谊"的讨论话题，鼓励学生畅所欲言，分享自己的见解。在讨论过程中，学生不仅能够提升英语口语表达能力，更能深刻领会友谊的真谛，学会如何建立和维系健康的人际关系。话题讨论能够创造开放、平等、互动的课堂氛围，有利于学生积极思考、勇于表达，在交流碰撞中加深对正确价值观的认识和体悟。

（三）评价体系构建

高职英语教学的评价体系建设对于实现语言能力培养与德育教育的有机融合具有重要意义。传统的评价方式往往过于注重语言知识和技能的考查，忽视了学生思想道德素质、文化修养等方面的发展。这种片面化的评价取向不仅难以全面评估学生的综合素质，更无法有效引导学生形成正确的价值观念和道德品质。因此，构建一个德智体美劳全面发展的评价体系已经成为高职英语教学改革的迫切需求。

在设计评价体系时，应坚持以立德树人为根本目标，突出学生的思想道德考核。通过将社会主义核心价值观融入教学全过程，引导学生树立正确的世界观、人生观和价值观。同时，在语言能力评价中，也要注重考查学生运用英语传播中华优秀传统文化、讲好中国故事的能力。这不仅有助于增强学生的文化自信和民族自豪感，更能帮助其成长为具有家国情怀和全球视野的复合型人才。

评价体系的构建应体现全面发展的理念，兼顾学生在语言学习中的认知、情感、意志等多方面因素。在考查语言知识和技能的同时，教师可以通过情景模拟、角色扮演等方式，观察学生在实际交流中的语用能力、跨文化交际意识等。对于学生在语言实践中展现出的诚信、友善、包容等优秀品质，教师也要给予充分的肯定和鼓励。唯有如此，才能帮助学生树立语言学习的信心，激发其不断进取、追求卓越的内在动力。

评价体系还应突出过程性评价和多元评价主体的参与。教师可以通过学习档案、课堂观察、同伴互评等方式，动态记录学生语言能力提升和道德品质发展的轨迹。学生也应成为评价的主体，通过自我反思和相互评议，加深对语言学习和个人成长的认知。家长、企业等利益相关方的意见反馈也应纳入评价视野，以使评价结果更加客观、全面。

二、语言能力培养中的文化认同教育

（一）强化文化认同感教学策略

在高职英语教学中，教材是教师传授知识、学生学习语言的重要载体。然而，传统的教材内容往往局限于语言知识和技能的传授，较少涉及文化背景和人文内涵，难以满足学生多元化的学习需求和社会对高素质技术技能人才的要求。因此，如何有效利用教材中的文化背景资料，增强学生对民族文化的认同感，已经成为高职英语教师亟须解决的问题。

文化认同感是个体对民族文化的归属感、认可度和践行力。它不仅涉及对文化知识的了解和掌握，更体现在情感态度和价值观念的认同上。在高职英语教学中，教师应充分挖掘教材中蕴含的中外优秀文化内容，引导学生理解不同文化的内涵，体会其中的智慧结晶和精神财富，从而增强其文化自信和民族自豪感。同时，教师还应引导学生以包容、平等的态度看待世界文化的多样性，学会欣赏和吸收不同民族、不同国家的文化精华，提升跨文化交际能力。

为了实现这一目标，教师首先需要深入研读教材，全面把握其中的文化背景资料。一方面，教师要系统梳理教材中涉及的中华优秀传统文化内容，如诗词歌赋、典故传说、历史人物、哲学思想等，挖掘其中蕴含的道德理念、人文精神和审美情趣。另一方面，教师还应关注教材中反映的外国文化知识，如西方国家的风土人情、历史地理、文学艺术、社会制度等，帮助学生拓宽国际视野，增进对不同文明的理解和尊重。

在教学实践中，教师可以采用多种策略来强化学生的文化适应能力。例如，教师可以在讲解语篇时穿插相关的文化背景知识，引导学生在语言学习过程中积累文化资本。又如，教师可以组织学生开展专题研讨活动，以英语国家的重大节日、历史事件、名人名著等为主题，鼓励学生通过自主探究、分组讨论等形式共同体验异国文化的魅力。此外，教师还可以创设跨文化交际模拟情景，如外宾接待、导游讲解、海外求学等，引导学生在真实语境中运用恰当的语言和文化策略进行交流互动，强化其文化适应能力。

（二）文化内容与课程思政结合

在高职英语教学中，文化内容的选择和融入对于实现课程思政目标、培养学生文化素养和价值观念具有重要影响。若要将文化内容与课程思政有机结合，教师需要精心挑选教学素材，突出中华优秀传统文化的时代价值，激发学生的民族自豪感和文化自信心。

传统节日是中华文化的重要组成部分，蕴含着丰富的历史知识和道德智慧。教师可以选取春节、元宵节、清明、端午、中秋等节日为切入点，引导学生了解其起源、习俗和寓意，感悟其中蕴含的天人合一、尊老爱幼、勤劳智慧等思想内涵。例如，在学习春节相关内容时，教师可以讲解春联、福字、鞭炮等习俗背后的文化象征，引导学生体会阖家团圆、辞旧迎新的美好情怀。又如，在端午节主题教学中，教师可以讲述屈原的爱国故事，分析粽子、赛龙舟等民俗的寓意，激发学生的爱国热情和民族自豪感。

名胜古迹是凝结着中华民族智慧结晶和审美追求的文化符号，在英语教学中具有重要的育人价值。教师可以选取长城、故宫、兵马俑、莫高窟等著名景点，设计情景对话、角色扮演等教学活动，引导学生在语言实践中了解其历史渊源、艺术价值和文化内涵。例如，在学习长城相关内容时，教师可以播放长城纪录片，组织学生用英语介绍长城的地理位置、建筑特点、军事功能等，引导其感悟中华民族坚韧不拔和勇于创新的精神。再如，在敦煌莫高窟主题教学中，教师可以展示壁画、雕塑等艺术瑰宝，引导学生用英语描述其艺术特点，分析其蕴含的佛教文化和中外文化交流的元素，培养其对中华文明的认同感和自豪感。

中华优秀传统美德是中华民族的精神财富，对于弘扬社会主义核心价值观、涵养高尚道德情操具有重要作用。教师可以选取孝、悌、忠、信、礼、义、廉、耻等美德，设计讨论、辩论、演讲等教学活动，引导学生在语言实践中感悟中华美德的深刻内涵和现实意义。例如，在学习孝道文化时，教师可以引导学生分享自己孝敬父母的故事，组织学生以英语形式表达对父母的感恩之情，引导其体会中华孝道文化的真谛。又如，在"诚信"主题教学中，教师可以列举社会生活中诚实守信的正面典型和失信行为的反面案例，组织学生讨论诚信对于个人发展、职业成功、社会和谐的重要意义，引导其树立诚实守信的道德操守。

（三）文化认同与英语应用能力提升

在高职英语教学中，培养学生跨文化交际能力和增强其文化认同感是语言能力提升的重要内容。语言作为文化的载体，蕴含着丰富的文化内涵。学生在学习语言的同时，也在不断接触和理解语言背后的文化。通过实际的语言交流活动，学生能够更直观地感受文化差异，提高文化敏感性和包容性，从而建立起正确的文化价值观。

在设计语言交流活动时，教师应充分考虑活动内容与学生文化背景的契合度。选取学生熟悉且感兴趣的话题，如节日习俗、饮食文化、社交礼仪等，能够激发学生参与交流的热情。同时，教师还应引导学生在交流中注意文化差异，尊重不同文化的独特性，培养学生的跨文化理解能力。例如，在讨论中西方饮食习惯差异时，教师可以引导学生分析形成差异的文化根源，理解不同饮食方式背后的文化内涵，体验文化的多样性。

教师还可以通过创设真实情景，让学生在模拟的跨文化交际场景中锻炼语言应用能力。如开展英语角色扮演活动，学生分别扮演不同国家的人物，就特定话题进行交流。在交流过程中，学生不仅能够练习语言表达，而且能够深入体验异国文化，提高文化共情能力。

在语言交流活动中，教师还应注重引导学生反思文化差异背后的价值观念。通过对比分析不同文化的价值取向，学生能够更全面地认识文化的多元性，形成兼容并蓄的文化态度。同时，教师也要引导学生立足本土文化，增强民族自豪感和文化自信心。

三、语言能力训练中的价值观引导

（一）价值观教育与语言学习结合

价值观教育是高职英语教学中不可或缺的重要组成部分，它关乎学生的全面发展和终身发展。在语言学习过程中融入价值观教育，不仅能够帮助学生形成正确的世界观、人生观和价值观，更能激发其学习英语的兴趣和动力，提高语言运用能力。

要实现价值观教育与语言学习的有机结合，教师首先需要转变教学理念，树立"育人为本"的教育思想。传统的语言教学往往过于注重语法、词汇等知识点的讲解，忽视了学生情感态度、价值观念的培养。而在新时代背景下，高职英语教学必须落实立德树人的根本任务，将社会主义核心价值观融入教学全过程，引导学生用英语讲好中国故事、传播好中国声音。

在教学内容选择上，教师要善于挖掘教材中蕴含的价值观教育元素，并将其有机融入课堂教学之中。许多英语教材都包含了反映不同文化和价值观的篇章，教师可以引导学生进行比较分析，加深对中华优秀传统文化的理解和认同，增强文化自信。同时，教师还可以补充一些弘扬社会主义核心价值观的素材，如名人事迹、感人故事等，在潜移默化中使学生端正价值取向。

情景创设是开展价值观教育的有效途径。教师可以利用多媒体技术营造身临其境的语言环境，设计富有教育意义的学习任务，引导学生在语言实践中内化价值理念。例如，在环保主题教学中，教师可以组织学生讨论如何用英语宣传环保理念，号召大家参与环保行动。在这一过程中，学生不仅能够提升语言技能，也会加深对生态文明建设重要性的认识。

（二）价值观引导下教学活动设计

价值观引导下的教学活动设计需要充分考虑学生的认知特点、兴趣爱好和发展需求，精心设计符合社会主流价值观的学习任务和教学情景，引导学生在语言实践中内化和践行良好的价值理念。教师可以从如下几个方面入手。

1. 明确活动目标，精选教学内容

教学活动设计首先要明确价值引导的目标，即希望学生在活动中形成怎样的价值认识、情感态度和行为习惯。在此基础上，教师要精心筛选蕴含积极价值导向的语言材料，如体现爱国主义、集体主义、社会主义核心价值观的文本、视听材料等，使教学内容成为价值引导的载体。同时，教师还要关注教学内容的针对性和吸引力，选取贴近学生生活实际、能够引起学生情感共鸣的素材，提高教学的感染力和说服力。

2. 创设情景，激发学生的情感体验

价值观的形成离不开情感的参与和支撑，因此教学活动设计要注重营造富有感染力的教学情景，引发学生的情感共鸣。教师可以利用多媒体手段，通过图片、音频、视频等方式生动地呈现教学内容；也可以组织情景表演、角色扮演等体验式学习活动，让学生身临其境地感受价值理念的内涵。在情感体验过程中，学生对价值观念的理解会更加深刻，价值认同感也会随之增强。

3. 组织对话交流，引导价值判断

语言互动和思维碰撞是价值观内化的重要途径。因此，在教学活动中，教师要为学生提供充分的对话交流机会，引导其在交流中明晰价值判断、形成价

值认同。教师可以提出开放性问题，鼓励学生畅所欲言，表达自己的观点和看法；也可以组织小组讨论、辩论等互动活动，让学生在平等交流中达成共识。在这个过程中，教师不应简单地灌输价值观，而应充分尊重学生的主体性，引导其独立思考，自主形成价值判断。

4. 设计实践活动，强化价值践行

价值观的真正确立有赖于其在实践中得以强化和巩固。因此，教学活动要为学生搭建践行价值理念的平台，引导其将所学价值观付诸行动。教师可以设计与教学内容相关的社会实践活动，如志愿服务、社会调查等，鼓励学生走出课堂，在服务社会的过程中内化价值理念；也可以布置开放性的学习任务，要求学生运用所学语言知识分析和解决现实问题，在语言实践中彰显价值追求。

(三) 价值观导向反思与实践

价值观导向的反思与实践是高职英语语言能力培养过程中德育浸润的关键环节。学生在语言学习中形成正确的世界观、人生观和价值观，不仅关系到其语言运用能力的提升，更关乎其健康人格的塑造和未来发展的方向。因此，教师应高度重视这一环节，精心设计教学活动，引导学生在语言实践中加深对所学知识的理解，提升自身修养，锤炼意志品质。具体可以从如下几方面展开。

1. 教师要优选蕴含丰富价值内涵的语言学习材料

这些材料应该能够反映人类社会的主流价值取向，如人与自然的和谐共处、不同文化的包容互鉴、个人与社会的协调发展等。通过学习这些内容，学生能够感悟人生哲理，领略人性之美，进而树立积极向上的人生态度和价值追求。同时，教师还要重视材料的时代性和针对性，选取能够引起学生情感共鸣、贴近其生活实际的素材，激发其学习兴趣和探究欲望，使价值引导更加入脑入心。

2. 教师要为学生提供充分展示自我、表达观点的机会

例如，教师可以组织辩论或讨论，围绕所学材料中的价值话题展开交流和思辨。在这个过程中，学生不仅能够提升语言表达能力，更能深化对价值理念的认识，形成自己的价值判断。与此同时，学生在倾听他人观点、尊重差异看法的过程中，也能学会换位思考、包容差异，培养宽广的胸怀和开放的视野。这些都是学生未来成长和发展不可或缺的宝贵品质。

3. 教师要注重引导学生将价值反思与生活实践相结合

通过设计有意义的语言实践活动，鼓励学生走出课堂，在服务社区、奉献他人的过程中践行所学价值理念。例如，学生可以参与志愿者活动，用英语为外籍人士提供帮助；又如，学生可以策划环保主题的英语宣传活动，号召更多人参与到生态文明建设中。在实践中感悟价值理念的真谛，能使学生将外在的行为要求转化成内在的自觉行动，从而真正实现自身价值观的升华和人格的完善。

四、语言能力提升中的社会责任感培养

（一）社会责任感与语言学习融合

社会责任感是现代公民必备的道德品质之一，也是高职英语教学的重要目标。在语言学习过程中融入社会责任教育，不仅能提升学生的道德修养，更能激发其人文关怀意识和奉献精神，使其成长为有家国情怀、有社会担当的时代新人。

1. 精心选择教学内容

教材中往往蕴含着丰富的社会责任教育资源，如环保、志愿服务、诚信、平等、互助等主题，教师应善于发掘和利用这些资源，引导学生在语言学习中潜移默化地接受责任意识的熏陶。同时，教师还可以根据社会热点问题和时事话题，补充一些与社会责任相关的英语素材，如新闻报道、演讲稿、公益广告等，拓宽学生视野，提升其对社会问题的敏感度和分析力。

2. 教师要创新教学方式方法，为学生提供践行社会责任的机会和平台

传统的英语课堂教学以教师讲授为主，学生被动接受知识，难以激发其责任意识和行动自觉。为此，教师可以采用情景教学、项目教学、服务学习等多元化的教学模式，设计一些与社会责任相关的实践活动，如环保宣传、志愿服务、公益募捐等，鼓励学生走出课堂，用英语为社区、为他人服务。在参与社会实践的过程中，学生不仅能够锻炼语言交际能力，更能深刻认识自身的社会角色和应尽的责任义务，增强责任担当意识。

3. 教师要注重以身作则，成为学生社会责任意识的榜样和引路人

教师的一言一行都会对学生产生潜在的影响，因此必须以高度的社会责任感要求自己，做学生健康成长的指导者和引导者。教师要主动承担育人责任，关注每名学生的发展需求，尊重学生的个体差异，因材施教，用爱心和耐心点燃学生的希望之光。同时，教师还要积极参与社会公益活动，用实际行动诠释责任与担当，以自己的模范行为影响和带动学生，引领其将社会责任内化为自觉追求。

4. 学校应营造良好的社会责任教育氛围，将其贯穿英语教学全过程

学校可以制定社会责任教育目标和实施方案，将其融入英语课程标准和教学计划，明确责任意识培养的具体路径和要求。同时，学校还可以搭建校企合作、国际交流等平台，为学生提供更多接触社会、了解国情的机会，开阔其全球视野，培养其责任意识。学校、教师、家长三方应加强沟通协作，形成社会责任教育的合力，为学生的责任意识培育创造良好的环境。

（二）社会责任感培养长期效应

社会责任感培养在高职英语语言能力的提升中具有长远而深刻的影响。通过在语言教育过程中渗透社会责任意识，学生不仅能够掌握语言技能，更能形成服务社会、回馈社会的价值取向。这种价值取向将成为学生终身发展的指引，推动其在未来的工作和生活中积极承担社会责任，成为具有家国情怀、全球视野的高素质技术技能人才。

从个体层面看，社会责任感培养有助于学生树立正确的人生观和价值观。在英语学习过程中，教师可以有意识地选取蕴含社会责任内容的教学素材，如环保、志愿服务、平等互助等主题，引导学生思考个人行为与社会发展的关系。通过分析案例、开展讨论，学生能够深刻认识到个人的言行举止对他人、对社会可能产生的影响，进而调整自身行为，树立起积极正面的人生态度。这种态度一旦内化为学生的价值追求，将伴随其一生，成为不竭的精神动力。

从职业发展角度看，社会责任感培养是学生成长为职业英语人才的内在要求。随着经济全球化的深入推进，跨国公司和国际组织日益重视员工的社会责任意识和行为表现。拥有全球视野、勇于承担社会责任的员工更容易赢得用人单位的青睐和信任，在职业发展中占据优势地位。高职英语教育通过在语言能力培养过程

中强化社会责任意识，使学生在未来步入职场后，能够用英语讲好中国故事、传播好中国声音，树立负责任的国家形象，在国际舞台上展现时代风采。

第三节　高职英语交际能力培养中的德育浸润

一、交际情景中的道德教育

（一）倡导诚信语言沟通

诚信是每个社会公民应当恪守的基本道德准则。对于高职英语教学而言，在培养学生交际能力的同时，倡导正直诚信的语言沟通，强调言行一致的重要性，是教育工作者义不容辞的责任。

诚实守信是人与人之间建立信任、维系友谊的基石。在英语交际能力培养过程中，教师应有意识地引导学生运用英语表达真实的想法，用诚恳的言辞传递内心的真挚情感。无论是日常的课堂对话，还是形式多样的交际活动，学生都应该坦诚相见，用真诚的语言沟通彼此的想法。这不仅有助于营造和谐、友善的课堂氛围，更能帮助学生树立正直、诚信的品格。

言行一致是个人诚信的重要体现。高职英语教学不仅要关注学生英语表达的准确性和得体性，更要重视培养学生言出必行、诚信守诺的优秀品质。教师应鼓励学生在英语交流中遵守承诺，知行合一。例如，在小组合作学习中，学生应按照约定完成自己分内的任务，不推诿、不敷衍；在英语演讲比赛中，参赛选手应诚实报告自己的原创内容，不抄袭、不造假。这些具体的教学实践能使学生认识到言行一致的重要性，培养其诚实守信的习惯。

此外，高职英语教师还应以身作则，用自己的言行诠释诚信的内涵。教师在与学生的交流中要真诚、坦率，以平等、尊重的态度对待每名学生。同时，教师也要严于律己，做到教学有法度、做人有原则，为学生树立正直、诚信的榜样。只有这样，才能更好地引导学生形成诚信品质，成为有道德、有担当的高素质技术技能人才。

（二）强化跨文化道德意识

跨文化交流是现代社会不可或缺的重要组成部分，它为不同文化背景的人们提供了相互了解、学习和借鉴的平台。然而，跨文化交流也存在着诸多挑战，其中最为突出的就是道德准则的差异。不同文化对于是非、善恶、正当与否的判断标准往往大相径庭，这导致在跨文化交流中，人们常常难以理解和接纳对方的行为方式。

要化解这一难题，首先要树立文化相对主义的意识。每种文化都有其独特的历史渊源和价值取向，不能用自己的文化标准去衡量和评判其他文化。相反，应该以开放、包容的心态去认识不同文化，尊重其多样性和差异性。只有摒弃文化优越感，才能真正与其他文化背景的人展开平等、真诚的对话。

在跨文化交流中理解他人行为背后的道德准则，需要深入了解对方的文化传统、价值观念和行为规范。这就要求人们主动学习异国文化，通过阅读相关图书、观看影视作品、参加文化交流活动等方式，全面了解对方文化的基本内涵。同时，应该虚心向对方请教，以开放的心态倾听他们对本国文化的阐释，体会他们行为背后的深层思想。唯有不断拓宽文化视野，才能准确把握不同文化的内在逻辑。

与此同时，在跨文化交流中还应培养换位思考的能力。面对异国文化，要学会站在对方的立场上思考问题，设身处地地去理解他们的处世哲学和行为方式。当面临文化冲突时，更要冷静地分析问题的症结所在，找出双方观点的交汇点，在相互尊重的基础上达成共识。唯有以同理心对待他人，才能消弭文化隔阂，构建和谐的人际关系。

二、语言表达中的礼仪规范

（一）教育学生掌握礼貌用语

高职英语教学中，语言礼仪和交际规范的使用是提升学生语言表达水平和交际能力的重要内容。在日常交流中，运用得体、恰当的礼貌用语，不仅能够塑造个人的良好形象，更能促进人际关系的和谐发展。因此，教育学生掌握礼貌用语及其在交际中的应用，对于培养其文明、有礼的语言表达习惯具有重要意义。具体可从以下几点着手。

1. 教师应向学生阐明礼貌用语的内涵和重要性

礼貌用语是指在特定的交际情景下，符合社会礼仪规范、体现说话人谦逊有礼态度的语言表达方式。它包括问候语、称谓语、客套语、感谢语、道歉语等。恰当使用礼貌用语，能够拉近与他人的心理距离，营造友好、融洽的交际氛围。相反，如果言语粗鲁、傲慢，那么容易引起对方的反感，导致交际失败。通过生动的案例分析，教师要引导学生认识到礼貌用语在日常交际中的积极作用，树立文明、礼貌的语言意识。

2. 教师要系统讲解礼貌用语的使用原则和方法

使用礼貌用语应把握得体、真诚、适度的原则。"得体"是指根据具体交际情景、对象和目的，选择恰如其分的表达方式。同一种意思，面对不同的交际对象，可以有多种表达方法，如对长辈应使用恭敬的语气，对同辈可以稍微随意。"真诚"强调要表里如一、真心实意，避免虚情假意、矫揉造作。"适度"要求把握分寸，不卑不亢。过分谦卑和过于傲慢都会给人留下不好的印象。此外，教师还要讲清礼貌用语的常用句式和表达技巧，如利用疑问句表达委婉意见、用夸张手法表达感谢等，使学生能够学以致用。

3. 教师要创设情景，组织学生进行交际实践

单纯的理论讲授很难真正提高学生的语用能力，必须通过实际运用来内化所学知识。教师可以设计形式多样的课堂交际活动，如主题对话、情景模拟、角色扮演等，让学生在具体语境中练习使用礼貌用语。例如，可以设定求助、道歉、邀请等场景，要求学生分角色进行对话，并从礼貌性角度点评对方的表现。在实践中发现问题，有针对性地进行训练，才能真正提升学生的语言运用能力。同时，教师还要鼓励学生将礼貌用语运用到课下的真实交际之中，在与人相处过程中时刻注意自己的言行举止，做到知行合一。

4. 教师自身也要起到示范作用

教师在与学生的日常交往中，要注意自己的语言表达方式，使用文雅、礼貌的词语，为人师表。这会潜移默化地影响学生，使他们自觉地模仿教师的良好行为。因此，教师要通过自身的言传身教，以积极正面的姿态引导学生养成良好的语言习惯，提升语言修养。

（二）指导非言语交际行为

非言语交际行为（如肢体语言和面部表情）在跨文化交流中扮演着至关重

要的角色。教师应重视对学生非言语交际能力的培养，帮助其掌握恰当使用肢体语言和面部表情的技巧，提高其跨文化交际的有效性。

在不同的文化背景下，相同的肢体语言和面部表情可能蕴含着截然不同的意义。例如，在中国文化中，直视对方的眼睛被视为不礼貌；而在西方文化中却恰恰相反，这种行为代表着诚实和自信。再如，点头在大多数文化中表示赞同，但在保加利亚等国家却表示否定。如果学生对这些差异缺乏了解，那么很容易在跨文化交流中产生误解和冲突。

因此，教师应该在英语教学中融入非言语交际内容，提高学生对文化差异的敏感性。通过讲解、示范、角色扮演等多种方式，让学生了解不同文化中肢体语言和面部表情的含义，学会恰当地运用这些非言语符号。同时，教师要培养学生观察、分析和判断非言语信息的能力，使其能够在实际交流中准确把握对方传递的信息，做出适当的反应。

教师还应该引导学生反思自己的非言语行为，认识到某些习以为常的肢体语言和面部表情在异域文化中可能是不恰当的，从而调整自己的非言语交际方式。通过自我反思和调整，学生能够逐步形成得体的非言语交际习惯，为未来的跨文化交流奠定基础。

除了文化差异，教师还要关注非言语交际的语用功能。在实际交际中，肢体语言和面部表情往往与语言符号相互配合、相得益彰。恰当的手势、表情能够增强语言表达的感染力和说服力，使交流更加生动、自然。反之，不协调的非言语行为则会削弱语言的效果，甚至导致交流失败。因此，教师要引导学生学会将言语与非言语巧妙结合，形成和谐统一的交际方式。

三、团队合作与责任意识

（一）树立团队合作精神

团队合作是现代社会不可或缺的一项基本技能，在高职英语教学中，培养学生的团队意识和协作能力具有重要意义。通过精心设计的教学活动，教师可以引导学生体验团队协作的过程，感悟团结互助的价值，从而内化为自觉的意识和行为习惯。

教师可以采用小组合作学习的方式组织教学。将学生分成若干个异质小组，为每个小组设置明确的学习任务和目标。在完成任务过程中，小组成员需要相互配合、协调分工，发挥各自的优势和特长。这种学习方式打破了"以教师为中心"的传统教学模式，突出了学生的主体地位。学生不再是被动的知识接受者，而是学习过程的积极参与者和创造者。在互动交流中，学生能够学会倾听他人的意见，尊重个体差异，提高语言表达和人际交往能力。

教师还可以通过开展英语情景剧表演、英语辩论赛等实践活动来强化学生的团队意识。这些活动对学生综合运用语言能力提出了更高要求，需要参与者密切配合、精诚合作。在准备和排练过程中，学生要集思广益、群策群力，对剧本或文稿进行反复讨论和修改，力求以最佳的表现呈现在观众面前。情景剧表演不仅能够提高学生的语言应用能力，更能培养其责任意识和集体荣誉感。同样，英语辩论赛也是锻炼学生逻辑思辨、快速反应能力的绝佳平台。正反双方需要密切配合，围绕辩题进行充分准备，在比赛中唇枪舌剑、针锋相对，不仅能够拓宽学生的知识视野，更能磨砺其意志品质，培养团队协作精神。

教师还应注重在日常教学中渗透团队意识教育。可以设置一些需要小组合作完成的任务，如英语海报设计、英语歌曲演唱等，引导学生体会团队的力量。教师也要充分利用现代信息技术手段，搭建网络学习平台，为学生提供线上协作的机会。学生可以通过平台进行跨校、跨地域的交流合作，共同完成项目任务，拓宽国际视野。

（二）增强集体和个人责任感

增强集体和个人责任感是团队活动中的重要目标。在现代职场环境下，团队合作已成为完成复杂任务、实现组织目标的关键途径。要使团队发挥最大效能，每个成员都需要具备强烈的集体责任感和个人责任感。只有当团队成员意识到自己行为的影响，并为团队目标而尽责尽力时，才能形成积极向上、协同高效的团队氛围。

培养集体责任感，就是要引导学生避免自我中心主义，树立"我为人人，人人为我"的理念。在团队活动中，教师应创设需要成员互帮互助、密切配合的情景，让学生切身感受到个人努力与集体荣誉的紧密联系。例如，在小组项目任务中，教师可以设置明确的集体奖惩机制，根据小组的整体表现情况给予相应的激励或约束。这种做法能够促使学生将个人利益与团队利益相结合，主动为集体目标贡献力量。同时，教师还应注重引导学生换位思考，学会站在他人角度看问题。通过角色扮演、情景模拟等体验式活动，让学生设身处地地感受彼此的不易，理解并包容个体差异，进而形成休戚与共的集体意识。

在强调集体责任感的同时，培养个人责任感也至关重要。个人责任感是指个体对自己言行负责、勇于承担后果的品质。它是团队责任感的基础，只有每个成员都以高度负责的态度对待自己的角色和任务，团队才能健康运转、和谐发展。为此，教师应引导学生明确自身定位，清晰地认识到自己在团队中的角色与职责。通过制订团队公约、角色分工表等形式，帮助学生厘清责任边界，自觉地调整行为，恪尽职守。与此同时，教师还应及时给予学生反馈和指导，帮助其客观评估自我表现，认识并改进不足。例如，在团队活动后开展自我评价和互评，引导学生反思自身言行，找出优缺点，明确改进方向。久而久之，学生能养成对自我负责、严于律己的习惯。

个人责任感的培养还需要注重学生责任意识的内化。教师应创设丰富的体验情景，引导学生在实践中感悟责任的意义和价值。例如，开展志愿服务、社区服务等公益活动，让学生切身体会到个人微小的努力对他人、对社会可以产生的积极影响。又如，学习榜样人物事迹，感受责任意识对个人成长的推动作用。在情感体验中，学生对责任的理解将更加深刻，责任意识也将内化为自觉行动的动力。

四、沟通技巧与诚信教育

（一）提升有效沟通技巧

有效的沟通是现代社会中不可或缺的技能，对于高职英语教学而言，培养学生良好的沟通能力更是重中之重。在职场环境中，清晰、准确、有礼貌地进行信息交流，不仅能够提高工作效率，增进同事间的理解与合作，更能够塑造个人良好的职业形象。因此，高职英语教师应当充分认识到沟通技巧培养的重要性，在教学过程中，有针对性地引导学生掌握有效沟通的方法和策略，具体包括以下几点。

1. 帮助学生建立清晰表达的意识

在日常教学中，教师可以通过提问、复述等方式，引导学生条理清晰地组织语言，准确无误地表达自己的观点。同时，教师还应鼓励学生多说多练，在语言实践中不断提高表达的流畅度和逻辑性。例如，教师可以组织学生进行小组讨论或辩论，让学生在交流互动中学会清晰、有条理地阐述自己的看法，增强语言表达的自信心。

2. 重视培养学生倾听的能力

有效的沟通是双向的，不仅要学会清晰表达，更要学会认真倾听。只有耐心倾听对方的想法，才能真正理解对方的需求，做出恰当的回应。因此，在英语教学中，教师应当创设情景，设计倾听练习，让学生学会在交流中抓住重点信息，并给予适当的反馈。例如，教师可以播放一段对话录音，要求学生仔细倾听，并归纳总结对话的中心内容，或者提出自己的看法。通过这种训练，学生能够养成专注倾听的习惯，提高信息获取和理解的效率。

3. 引导学生掌握得体的沟通礼仪

在跨文化交流中，恰当得体的语言和行为可以拉近人际距离，营造友善、尊重的沟通氛围。因此，教师要帮助学生了解不同文化背景下的交际礼仪，学会使用得体的语言来表达道歉和感谢。同时，教师还要提醒学生注意非语言交际细节，如眼神、表情、手势等，避免因文化差异而产生不必要的误解。通过情景模拟、角色扮演等活动，学生能够在实践中掌握得体的沟通礼仪，提升跨文化交际的能力。

4. 引导学生灵活运用沟通策略

教师要引导学生灵活运用沟通策略，根据不同的交流对象和场合，调整自己的语言风格和表达方式。例如，在与上级沟通时，要注意语言的恭敬性和正式性；在与同事沟通时，要体现出友善、协作的态度；在与客户沟通时，要耐心倾听，及时解决问题。教师可以通过分析职场案例，引导学生思考在不同情景中应该如何有效沟通，提高学生的语言运用能力和社交智慧。

5. 注重培养学生的信息管理能力

在信息化时代，有效的沟通离不开对信息的收集、筛选和整合。教师可以引导学生利用各种渠道，如网络、图书馆等，搜集与沟通主题相关的背景资料，并从中提炼出有价值的信息。同时，教师还要指导学生学会对信息进行分类、归纳和整理，使其条理化、系统化，为沟通交流提供充实的内容支撑。通过锻炼学生的信息管理能力，可以帮助其在沟通过程中更加自信、从容。

（二）注入诚信沟通理念

诚信是一个人立身处世的基本原则，也是人际交往中不可或缺的道德品质。在高职英语教学中注重诚信教育，对于培养学生良好的职业道德和促进其全面发展具有重要意义。

语言既是思想的载体，也是诚信的体现。在英语交际过程中，诚实守信的言行不仅有助于赢得他人的信任和尊重，更能展现自己高尚的人格魅力。因此，教师应充分利用课堂教学，引导学生用英语表达真实的想法，传递真诚的情感。例如，在口语训练中，教师可以设计一些情景对话，要求学生据实回答问题，不夸大其词，不弄虚作假。在写作练习中，教师应强调原创性和独特性，鼓励学生用自己的语言表达真实体验和真情实感，杜绝抄袭、拼凑等不诚信行为。

诚信不仅要体现在语言表达上，更应该渗透到行动中。在英语交际活动中，教师要引导学生践行诚信理念，以实际行动赢得他人信任。例如，在小组合作学习中，教师可以设置一些任务，如分工准备 PPT、搜集资料等，要求学生按时完成自己分内的工作，不推诿责任，不敷衍了事。在参与校园英语活动（如英语演讲比赛、英语歌曲大赛等）时，教师应鼓励学生诚实参赛，凭实力赢得荣誉，坚决抵制弄虚作假、徇私舞弊等失信行为。

诚信教育需要在英语学习的方方面面潜移默化地进行。教师要以身作则、言传身教，在与学生的交流互动中始终保持诚恳、正直的态度，以高尚的师德感染学生、塑造学生。同时，教师还要注重挖掘教材中的诚信教育元素，选取一些反映诚信主题的语篇、音频和视频等，引导学生在学习语言知识的同时，领悟诚实守信的道理。

第三章　高职英语课程思政的理论基础

第一节　高职英语课程思政概述

一、课程思政的内涵

（一）定义

课程思政是一种将思想政治教育有机融入各类专业课程教学之中的创新模式。它以培养全面发展的社会主义建设者和接班人为根本目标，强调知识传授与价值引导的高度统一。在这一教学模式中，专业知识学习不再是孤立、封闭的过程，而是与思想政治教育紧密结合、相互渗透的过程。教师不仅要传授专业知识和技能，更要挖掘其中蕴含的思想政治教育元素，帮助学生树立正确的世界观、人生观和价值观。

课程思政的实施路径主要包括三个方面：课程内容的价值选择、教学方法的灵活运用以及教学评价体系的科学构建。在课程内容选择上，教师要立足本学科特点，精心设计融入思政元素的教学内容。这既包括专业知识本身所蕴含的哲学思想、科学精神、人文情怀等，也包括与专业知识密切相关的社会热点、时事政治、道德伦理等。通过有机融合，增强课程的思想性、时代性和吸引力。在教学方法运用上，教师要突破传统的"满堂灌"模式，积极创新教学形式和手段。比如，通过案例分析、情景模拟、小组讨论等方式，引导学生主动思考、积极参与，在学习知识的同时，锻炼思辨能力，提升思想境界。在教学评价上，教师要建立科学合理的评价体系，将学生的思想品德、价值取向等纳入考核范畴。这不仅有利于督促学生重视思想政治学习，更能引导其将所学知识内化为正确的认识和行为。

课程思政模式的提出和实施，标志着我国高等教育教学改革进入了一个崭新的阶段。它突破了思想政治教育与专业教育相分离的局面，实现了二者的有机统一和相互促进。一方面，思想政治教育不再局限于政治课堂，而是通过各类专业课程得以延伸和深化，增强了针对性和实效性。另一方面，专业课程也摆脱了单纯知识传授的窠臼，在育人功能上实现了新的突破。课程思政有利于提升学生的综合素质，培养其家国情怀、社会责任感和实践能力，对于落实立德树人根本任务具有重要意义。

（二）组成要素

课程思政的组成要素是实现课程育人目标的关键所在，它涵盖了知识传授、价值引导、能力培养和情感态度塑造等多个维度。知识是课程思政的基础，只有立足扎实的学科知识，才能实现价值引导的目标。课程思政不是简单的知识灌输，而是要在传授知识的过程中，有机融入价值观教育，引导学生形成正确的世界观、人生观和价值观。同时，课程思政还要注重学生能力培养，尤其是思辨能力、创新能力和实践能力等培养，使其成为德智体美劳全面发展的社会主义建设者和接班人。此外，课程思政还应关注学生情感态度的塑造，培养其家国情怀、社会责任感和人文关怀等，促进其身心健康发展。

1. 知识传授

高职教师要立足本学科知识体系，精心设计教学内容，使其符合学生认知规律，易于理解和掌握。同时，教师还要善于挖掘学科知识中蕴含的思想价值和精神内涵，帮助学生构建起完整的知识架构。例如，在高职英语教学中，教师可以选取富有哲理、反映人生智慧的篇章作为教学材料，引导学生思考人生意义、社会责任等问题，实现知识传授与价值引导的有机统一。

2. 价值引导

高职教师要充分发掘各学科蕴含的价值理念，将社会主义核心价值观、中华优秀传统文化等融入教学之中。通过解读经典、剖析案例、课堂讨论等方式，引导学生树立正确的价值取向，自觉践行社会主义核心价值观。例如，在分析莎士比亚作品时，教师可以引导学生思考其中蕴含的人文精神和道德理念，如诚信、友善、正义等，增强学生的道德认同感和价值判断力。

3. 能力培养

高职教师要注重学生关键能力的培养，将知识学习与能力训练紧密结合，强化学生运用知识解决实际问题的能力。要遵循学生身心发展规律，运用启发式、探究式等教学方法，激发学生的主动性和创造性，提升其自主学习能力。

在教学过程中，教师还应创设开放性的教学情景，设计有挑战性的任务，锻炼学生分析问题、解决问题的能力。

4. 情感态度塑造

高职教师要注重学生情感体验，引导其树立远大理想，培养坚定信念，形成积极向上的人生态度。要将教学内容与社会现实、学生生活紧密结合，增强教学的现实感和感染力。例如，在学习英雄人物事迹时，教师可以引导学生体会英雄的崇高精神和优秀品质，培养其爱国主义情感；在介绍科学家的研究成果时，教师要让学生感受科学精神的力量，掌握科学的世界观和方法论。

二、高职英语课程思政的目标

（一）形成正确的世界观、人生观和价值观

课程思政的重要目标之一就是培养学生正确的世界观、人生观和价值观。在高职英语教学中，教师不仅要传授语言知识和技能，更要注重学生思想品德的塑造。通过恰当地选取教学内容，创设富有意义的教学情景，引导学生深入思考人生意义、社会责任等重大命题，帮助学生逐步形成正确的价值取向。

高职英语教师可以充分利用教材中蕴含的思政元素，将社会主义核心价值观、爱国主义精神、集体主义意识等有机融入教学过程。例如，在学习有关环保主题时，教师可以引导学生反思人与自然的关系，树立可持续发展理念；在探讨职业规划主题时，教师可以鼓励学生把个人理想与国家前途命运紧密联系，积极投身中国特色社会主义伟大事业。通过这些鲜活生动的教学实践，学生不仅能够提高英语水平，更能形成积极向上的人生态度。

高职英语教师应注重挖掘中华优秀传统文化中的思政资源，引导学生继承和弘扬中华民族的传统美德。例如，在学习有关节日习俗内容时，教师可以介绍中国传统节日的文化内涵，如春节体现的阖家团圆、中秋彰显的思乡怀远等，引导学生感悟其中的人文精神。又如，在讲解外国文学作品时，教师可以对比中西方文化差异，引导学生以包容、开放的心态看待世界文明，增强文化自信。这些做法有助于学生坚定文化立场，增强民族自豪感。

高职英语教师在开展课程思政时，还要注重方式方法的创新，切忌简单说教和灌输。教师可以充分利用信息技术手段，创设沉浸式、交互式的学习体验；

组织主题班会、专题讨论等，营造民主平等、积极向上的课堂氛围；开展志愿服务、社会实践等，引导学生在实践中升华认识、强化责任担当。唯有如此，课程思政才能真正走进学生心里，引导其健康成长。

（二）提升社会责任感与历史使命感

提升学生的社会责任感和历史使命感是高职英语课程思政的重要目标之一。社会责任感指个人对社会、他人应尽的义务和责任的认识和担当意识，而历史使命感则指个人对民族、国家、人类社会发展进步所应承担的历史责任的认知和践行意愿。这两种意识和精神不仅是社会主义核心价值观的重要内容，更是当代大学生成长成才、服务社会的必备素质。

高职英语课程蕴含着丰富的思政教育资源，可以为提升学生的社会责任感和历史使命感提供有力支撑。例如，在学习环保主题的英语阅读材料时，教师可以引导学生思考个人在保护环境、节约资源方面应尽的社会责任；在学习中外文化差异主题时，教师可以帮助学生树立文化自信，激发其传承和弘扬中华优秀传统文化的历史使命感。通过将这些思政元素有机融入英语教学内容，高职英语课程能够潜移默化地影响学生的价值观念，提升其社会责任感和历史使命感。

高职英语课程还应注重为学生搭建践行社会责任、体验历史使命的实践平台。一方面，教师可以开展志愿服务、社会调查等实践活动，鼓励学生走出校园、服务社会，在实践中强化责任意识；另一方面，教师还可以创设情景，组织英语话剧表演、主题辩论等，引导学生在角色体验中感悟个人与国家、民族的关系，增强历史使命感。在理论学习和实践体验的双重作用下，学生必将形成更加深刻、更加稳固的社会责任感和历史使命感。

培养有社会责任感和历史使命感的新时代大学生，是高职英语课程思政的题中应有之义。它要求高职英语教师立足英语学科特点，挖掘思政教育资源，创新教学模式，在知识传授和能力培养的同时，着力加强学生的责任意识、担当精神、家国情怀。唯其如此，高职英语课程才能成为落实立德树人根本任务的有效载体，为学生成长成才插上理想信念的翅膀，为社会主义现代化建设输送德智体美劳全面发展的高素质技能人才。

（三）培育综合素养与创新力

综合素养是学生全面发展的关键，它涵盖了道德品质、文化修养、身心健康、审美情趣等。而创新能力则是适应社会发展、实现自我价值的核心竞争力。高职英语教学不仅要传授语言知识和技能，更要将思想政治教育融入课程之中，引导学生形成正确的世界观、人生观和价值观，提升其人文素养和创新意识。

在教学内容选择上，教师应精心挑选富有思想性、时代性和趣味性的材料，如反映中华优秀传统文化、弘扬社会主义核心价值观、展现改革开放伟大成就等主题的英语文章或视听材料。通过学习这些内容，学生不仅能够提高英语语言能力，更能深入了解祖国的历史文化和现实国情，增强文化自信和民族自豪感。同时，教师还可以适时引入前沿科技、创新创业等方面的素材，开阔学生眼界，激发其创新灵感。

在教学方法运用上，教师应突出学生的主体地位，采用启发式、探究式、参与式等教学方式，鼓励学生积极思考、主动实践。例如，教师可以组织学生开展英语主题辩论、小组合作项目等活动，引导其在交流互动中碰撞思想火花，提升思辨能力和创新意识。又如，教师可以设计开放性的任务，如撰写英语散文、制作英语微视频等，激发学生的创造潜能。在这个过程中，教师既要给予学生充分的自主空间，又要适时提供指导和帮助，促进其全面发展。

在实践育人方面，教师应充分利用各种社会资源，组织学生走出课堂，参与社会实践和志愿服务。例如，学生可以用英语为外国友人讲解中国文化，宣传家乡特色；或者参与国际交流项目，促进与外国学生交流与合作。这些活动不仅能够提高学生的英语应用能力，更能培养其跨文化交际意识、合作精神，拓宽全球视野，为其未来发展奠定基础。

三、高职英语课程思政的特征

(一) 整合性

课程思政实施的整合性特征在高职英语教学中具有重要意义。传统的英语教学往往局限于语言知识和技能的传授，忽视了英语学科蕴含的丰富思想内涵和育人价值。课程思政理念的提出，要求高职英语教师跨越学科边界，突破单一语言教学的局限，将思想政治教育有机融入英语课堂教学之中。高职英语课程思政的整合性主要体现在以下几个方面。

首先，高职英语教学应与思想政治理论课同向同行，形成协同育人合力。英语教师可以与思政课教师加强沟通交流，了解思政课的教学内容和要求，将其与英语教学相结合。例如，在学习介绍中国传统节日的相关英语表达时，教师可以引导学生思考中华优秀传统文化的内涵，增强文化自信。又如，在探讨环保、和平等全球性主题时，教师可以引导学生树立正确的世界观、人生观和价值观，拓宽国际视野，厚植家国情怀。

其次，高职英语课程思政应注重培养学生的跨文化交际能力和人文素养。语言作为文化的载体，蕴含着丰富的人文内涵。在教授英语语言知识的同时，教师应积极挖掘教材中的文化因素，引导学生比较中西方文化异同，增进对不同文化的理解和包容。同时，教师还可以选取富有教育意义的英语原版素材，如经典文学作品、励志演讲等，引导学生感悟人生真谛，陶冶道德情操。通过语言学习，学生不仅能够提升英语应用能力，更能丰富人文积淀，形成健全人格。

最后，高职英语课程思政还应与专业课程实现有机整合，提升育人实效。高职院校的人才培养目标是培育具有扎实专业技能和良好职业素养的高素质技术技能人才。因此，英语教学不能脱离专业教育，而应与之紧密结合。教师可以选取专业英语材料，设计真实的任务情景，锻炼学生用英语解决实际问题的能力。同时，教师还可以引入职场文化、职业伦理等内容，引导学生树立正确的职业价值观，提升综合职业素质。

（二）系统性

系统性是课程思政的重要特征之一，它体现在课程思政的设计、实施和评价等各个环节中，形成了一个有机联系、相互促进的整体。从顶层设计来看，课程思政需要与学校的人才培养目标相契合，与思想政治理论课、党团和班会等思想政治教育形式相衔接，构建全员全过程全方位育人格局。这就要求在制定人才培养方案时，将课程思政作为重要内容予以统筹考虑，明确各类课程在价值引领中的地位和作用，科学设计课程思政的内容体系。

在教学实施环节，课程思政要与专业教学有机融合，与教学内容、教学方法等深度整合。教师要立足学科专业特点，挖掘蕴含其中的思政元素，将显性教育和隐性教育相结合，在传授知识的同时，引导价值观念，做到润物无声又入脑入心。同时，课程思政还要注重发挥第二课堂、实习实训等实践育人平台的作用，拓展思政教育时空，增强教育实效。这就需要教师在备课时系统设计教学环节，整体把握课程思政内容，创设富有吸引力和感染力的教学情景。

在教学评价方面，课程思政应建立多元考核评价体系，将课程考核与学生的思想品德、价值认同等情感态度考核相结合，全面评估教学效果。这不仅需要开发科学完备的评价指标和评价工具，更需要发挥学生的主体性作用，引导其开展自我评价和互评，在评价过程中，加深对社会主义核心价值观的理解和认同。同时，学校还应建立健全课程思政的督导评估和激励保障机制，加强过程管理和结果运用，形成推进课程思政的良性循环。

课程思政作为一项系统工程，需要构建完整配套的体制机制。在宏观层面，国家和地方教育行政部门要加强统筹规划和政策引导，完善课程思政建设的标准规范和推进机制。学校层面要成立课程思政建设工作领导小组，建立党委统一领导、党政齐抓共管、有关职能部门分工协作、院系具体落实的工作机制。同时，要加强课程思政教学团队和专家智库建设，为广大教师开展课程思政教学改革提供理论指导和实践支持。

（三）针对性与实践性

针对性与实践性是当前高职英语课程思政的重要特征。与传统英语教学相比，课程思政强调将思想政治教育有机融入英语课堂教学的全过程，实现知识传授与价值引领的同频共振。这就要求教师在设计教学内容和教学活动时，必须紧密结合学生的实际情况和未来职业需求，选取富有职业特色和社会生活气息的主题素材，引导学生在语言学习中感悟人生道理，树立正确的世界观、人生观和价值观。

例如，在教授求职面试相关内容时，教师不仅要传授面试英语的表达技巧和礼仪规范，更要引导学生思考诚信、责任、奉献等职业道德理念，帮助其树立正确的择业观和职业观。又如，在学习环保主题时，教师可以设计情景对话、专题讨论等教学活动，鼓励学生用英语畅所欲言，表达对环境问题的关切和对生态文明的憧憬，培养其社会责任感和使命意识。通过将英语学习与社会生活实践紧密联系，学生不仅能够提高语言运用能力，更能深刻体会英语学习的意义和价值，增强学习的主动性和获得感。

同时，高职英语课程思政教学还应突出实践导向，鼓励学生走出课堂，参与丰富多彩的实践活动。教师可以引导学生利用英语开展社会调研，如走访外资企业、体验西方文化节等，在实践中加深对英语国家社会文化的理解；组织学生参加英语演讲比赛、外事志愿服务等，在实践中提升跨文化交际能力，培养家国情怀。这些实践活动不仅能够拓宽学生的专业视野，为其职业发展积累宝贵的经验，更能让学生在亲身参与中感悟"知行合一"的学习观，增强对习近平新时代中国特色社会主义思想的认同。

第二节 高职英语开展课程思政教育的必要性和可行性

一、高职英语课程思政教育的时代背景

（一）社会主义核心价值观培育需要

社会主义核心价值观作为当代中国的精神内核和价值追求，深刻体现了中华民族的优秀传统文化和时代精神，对于引领社会思潮、凝聚人心、推动中国特色社会主义事业发展具有重要意义。高职院校作为培养高素质技术技能人才的重要阵地，肩负着传播社会主义核心价值观、培养担当民族复兴大任的时代新人的重任。高职英语课程作为高职院校人文素质教育的重要载体，在社会主义核心价值观培育中发挥着不可替代的作用。

高职英语课程蕴含着丰富的思想政治教育资源，是社会主义核心价值观教育的重要平台。通过合理融入爱国主义、集体主义、社会主义等思想内容，高职英语课程能够帮助学生树立正确的世界观、人生观和价值观。例如，在讲授中外文化差异时，教师可以引导学生比较中西方价值观念的异同，加深对中华优秀传统文化的认同感和自豪感，增强文化自信和爱国情怀。在介绍西方国家政治制度时，教师可以阐释中国特色社会主义制度的优越性，引导学生坚定"四个自信"。通过对社会主义核心价值观的渗透式教育，高职英语课程能够帮助学生明辨是非、坚定信念，自觉地将个人理想融入民族复兴的伟大事业中。

高职英语课程在培养学生关键能力、塑造职业素养方面也与社会主义核心价值观高度契合。社会主义核心价值观倡导爱国、敬业、诚信、友善等品德，这与现代职场对人才的要求不谋而合。高职英语课程在培养学生听、说、读、写等语言技能的同时，也注重职业素养的提升。例如，教师可以设计情景对话、角色扮演等教学活动，训练学生在跨文化交际中的礼仪举止，提升其职业形象。又如，教师可以引入与行业相关的英语材料，设计项目任务，培养学生的责任心、协作意识和创新精神。通过将职业素养培育融入语言教学，高职英语课程能够实现知识传授与价值引领的有机统一。

从育人实效来看，高职英语教学中渗透社会主义核心价值观教育，能够显

著提升学生的道德品质和职业素养。相关研究结果表明，通过合理设计教学内容、创新教学形式，高职英语课程能够有效激发学生的爱国主义情感，使其建立集体主义观念和诚信意识等，对其全面发展和健康成长具有积极影响。同时，社会主义核心价值观教育还能够增强高职学生的就业竞争力。当前，越来越多的用人单位将价值观念作为人才选拔的重要标准。具备社会责任感、吃苦耐劳精神、团队协作意识的毕业生往往更受用人单位青睐。可以说，高职英语教学与社会主义核心价值观培育已经形成良性互动，为实现立德树人根本任务提供了有力支撑。

（二）国家发展战略教育要求

在新时代背景下，国家对英语教育提出了更高的期望和目标，旨在培养具备国际视野、跨文化交际能力和批判性思维的高素质人才。这一战略要求不仅体现在英语教学的宏观目标设定上，更要落实到教学内容、方法和评价等各个环节。

从教学内容来看，国家要求英语课程不仅要传授语言知识和技能，更要注重人文素养和价值观教育。教材选择应体现中华优秀传统文化，帮助学生树立文化自信；同时引入国外经典作品，拓宽学生视野，提升其文学鉴赏力和跨文化理解力。此外，教学内容还应紧密联系学生生活实际，引导其用英语思考和表达对社会热点问题的看法，提高语言运用能力。

从教学方法来看，国家鼓励采用交互式、探究式等"以学生为中心"的教学模式，突出学生的主体地位。教师应创设真实的语境，开展丰富多样的教学活动，如角色扮演、小组讨论、项目学习等，调动学生的学习积极性。同时，教师还应充分利用信息技术手段，构建线上线下混合式教学模式，为学生提供个性化、自主化的学习机会。

从教学评价来看，国家提倡建立多元化评价体系，综合考查学生的语言能力、文化素养和思辨能力。评价方式应突破传统的笔试模式，注重过程性评价和终结性评价相结合，引入口语测试、写作任务、课堂表现等多种形式。评价主体也应更加多元，除教师评价外，还可引入学生自评、互评，以及第三方评价，提高评价的客观性和有效性。

（三）全球化背景下高素质技术技能人才培养需要

当前，世界正经历百年未有之大变局，全球化浪潮不可阻挡。作为培养国际化人才的重要载体，高职英语教学面临着前所未有的机遇和挑战。全球化背景下的文化交流日益频繁，迫切需要培养具有国际视野、通晓国际规则、能够参与国际事务和国际竞争的高素质技术技能人才。这就要求高职英语教学不仅要传授语言知识和技能，更要注重培养学生的文化认同和文化自信。

文化自信是一个国家、一个民族对自身文化价值的充分肯定和积极践行，是国家文化软实力和核心竞争力的重要体现。在英语教学中，部分教师热衷于介绍西方文化，而忽视了中华优秀传统文化的传承和弘扬。这种做法不利于学生树立文化自信，也无法实现英语教学的育人功能。

高职英语课程蕴含着丰富的中华文化资源，教师应充分挖掘其中的思政元素，将社会主义核心价值观、中华优秀传统文化有机融入教学全过程。一方面，教师可以精选体现中华文化精华的英文素材，如古代诗歌、寓言故事、哲学思想等，引导学生用英语讲好中国故事、传播好中国声音。另一方面，教师还可以创设跨文化交际情景，引导学生在比较中外文化异同过程中，深刻认识中华文化的独特魅力，增强文化认同感和民族自豪感。通过潜移默化的熏陶和引导，使学生坚定文化自信，自觉传承和弘扬中华优秀传统文化。

全球化背景下加强文化自信教育，高职英语教学大有可为。首先，英语作为一门语言课程，具有涵盖面广、贴近生活的特点，为开展文化教育提供了生动鲜活的语境。其次，高职院校的英语教学更加注重实用性和应用性，学生掌握一定的英语语言技能后，可以走出国门，讲好中国故事，展示中国形象。最后，习近平新时代中国特色社会主义思想为高职英语教学进行文化自信教育提供了行动指南和方法论，使英语教学与思政教育同向同行，形成协同效应。

新时代赋予高职英语教学新的使命和要求。教育工作者要准确把握英语教学与文化自信教育的内在联系，创新教育教学方式，不断提升文化育人的质量和水平。在课堂教学中，教师要精心设计教学内容，挖掘中华优秀传统文化的时代价值，帮助学生厘清本土文化与外来文化的关系，理性看待不同文化，增强文化鉴赏力和判断力。在实践活动中，教师要搭建各种平台，鼓励学生积极参与中外文化交流，在交流碰撞中展现中国智慧，彰显大国风范。此外，学校还要营造浓厚的文化氛围，充分利用各类文化资源，构建"课堂教学＋实践活动＋校园文化"的立体化文化育人格局。

二、高职英语课程思政教育的学科优势

(一) 提供跨文化交流平台

高职英语教学作为培养国际化应用型人才的重要途径，在提升学生跨文化交际能力方面具有独特优势。在全球化的时代背景下，高职院校肩负着培养具备国际视野、通晓国际规则、能够参与国际事务和国际竞争的高素质技术技能人才的重任。而英语作为全球通用语言，是学生了解世界、融入世界的重要工具。高职英语教学不仅要传授语言知识和技能，更要发挥育人功能，帮助学生建构多元文化意识，将其培养成能够在跨文化语境中有效沟通、表达、协作的国际化人才。

高职英语教学为学生搭建了了解他国国情文化、体验异域风情的桥梁。通过英语课堂，学生能够接触到英美等国家的地理、历史、社会制度、风俗习惯等，拓宽国际视野，加深对不同文化的理解和尊重。同时，英语学习过程本身就是一次跨文化交流体验。学生在模拟对话、情景表演等实践活动中，可以习得在跨文化语境下得体、恰当地表达观点、情感的方式，提升人际交往能力。丰富的文化内涵也能激发学生探究世界的好奇心，培养其成为有理想、有担当、有作为的中国青年。

高职英语教学还是学生感悟人类文明、汲取智慧的源泉。英语世界蕴藏着丰富的文学艺术、科学技术、哲学思想等人类优秀文化成果。通过阅读原汁原味的英文作品，学生能够领略莎士比亚、简·奥斯丁、马克·吐温等大师的语言魅力，感受人性深度和心灵高度。这些宝贵的文化遗产能够启迪心智、陶冶情操，使学生成长为德智体美劳全面发展、身心健康的社会主义建设者和接班人。

此外，高职英语教学还为学生提供了展示自我、传播中华优秀传统文化的舞台。当代中国日益走近世界舞台中心，讲好中国故事、传播好中国声音成为新时代青年的神圣使命。通过英语演讲、写作、辩论等实践活动，学生用流利的英语介绍中国的发展成就、阐释中国的和平理念、分享中国的为民情怀，展现一个开放自信、负责任大国的良好形象。这一过程不仅能够提升学生的跨文化表达能力，更能增强其文化自信和家国情怀。

(二) 弘扬中华文化

弘扬中华文化是高职英语教学的重要使命之一。英语作为一门国际通用语

言，在文化交流中发挥着不可替代的作用。将中华文化融入英语教学，不仅能提高学生跨文化交际能力，更有助于增强民族自豪感和文化自信。在教学实践中，教师可以从多个方面入手，推动中华文化的传播和弘扬。

1. 教材选编

高职英语教材应充分挖掘蕴含的中华文化元素，如诗词歌赋、名胜古迹、传统节日等，使学生在学习语言知识的同时，深入了解博大精深的中华文化。同时，教材还应体现中外文化的比较视角，引导学生思考不同文化的异同，提升文化鉴赏能力和批判性思维。此外，教材编排应突出中华文化的时代价值，将传统文化与现代生活相结合，激发学生的学习兴趣。

2. 课堂教学

教师应精心设计教学活动，创设富有文化氛围的语境，引导学生在实践中感悟中华文化的魅力。例如，教师可以组织学生表演经典剧目片段、朗诵优秀诗篇、讲述历史故事等，在生动活泼的形式中体验中华文化的独特韵味。又如，教师可以设置中外文化对比的讨论主题，鼓励学生用英语阐述个人见解，在交流碰撞中，加深对中华文化的理解和认同。

3. 课外实践

高职院校可以开展形式多样的英语文化活动，如英语演讲比赛、中华文化知识竞赛、传统文化体验日等，为学生提供展示语言能力、弘扬民族文化的平台。同时，学校还可以与文化机构合作，组织学生参观博物馆、历史遗迹，聆听文化讲座，在身临其境的体验中感受中华文化的博大和悠久。此外，利用网络平台弘扬中华文化也是大有可为的领域。教师可以指导学生制作介绍中国文化的英语视频、建立中外文化交流的网上社区，以新颖的方式向世界展示中华文化的独特魅力。

（三）培养批判性思维能力

批判性思维是当代高等教育的核心价值理念，对学生未来的学习、生活和职业发展都具有重要意义。高职英语教学作为高等教育的重要组成部分，在培养学生批判性思维能力方面，肩负着特殊使命。随着社会的快速发展和国际交流的日益频繁，仅仅掌握英语语言知识已经远远不够，学生更需要具备独立思考、质疑探索、明辨是非的能力。因此，在高职英语教学中融入批判性思维理念，创新教学模式和方法，已经成为提升教学质量、培养高素质人才的关键举措。

在教学内容上，教师应积极拓展批判性思维主题，引导学生深入分析、多角度思考。一方面，教师可以选取体现多元文化价值观的语篇材料，引导学生比较中西方文化差异，形成包容、开放的文化意识；另一方面，教师可以针对社会热点问题设计讨论话题，引导学生进行批判性思考。例如，在学习环境保护相关章节时，教师可以组织学生就"如何在经济发展与生态平衡间找到平衡"这一问题展开讨论，引导学生从不同利益相关者的角度提出自己的看法，并用英语阐述论证。通过将语言学习与思辨讨论相结合，学生不仅能够提高英语表达能力，而且能够锻炼全面、辩证地分析问题的能力。

在教学活动中，教师要努力创设有利于学生质疑探究、积极思辨的课堂氛围。传统的英语课堂往往以教师讲授为主，学生被动地接受知识，缺乏独立思考和表达的机会。要突破这一局限，教师应转变教学理念，充分尊重学生的主体地位，鼓励学生大胆提出问题，发表自己的观点。例如，教师可以运用"六顶思考帽"策略，从多个维度引导学生思考问题，激发思维的多样性和创造性。又如，教师可以采用辩论的形式组织教学，引导学生从正反两个方面探讨问题，培养其批判性思维能力。在这些活动中，学生通过积极参与、相互质疑、充分讨论，不断锻炼思辨的技能，提高分析问题、解决问题的综合素质。

在创新考评方式方面，教师也要着力突出批判性思维导向。传统的英语考试往往偏重考查学生对语法知识的掌握和机械记忆，忽视了对学生思维能力的考查。要改变这一状况，教师应将过程性评价和终结性评价相结合，重视对学生分析、解决问题能力的考核。例如，教师可以布置开放性的写作任务，要求学生从多角度阐述自己的观点；又如，教师可以设计案例分析题，考查学生运用所学知识分析真实情景的能力。通过将批判性思维融入考核评价中，引导学生关注思维能力的提升，帮助其真正内化和应用批判性思维的方法。

三、高职英语课程思政教育的实施条件

(一) 硬件设施支持

高职英语课程思政教育的有效实施离不开完备的硬件设施支持。这不仅包

括传统的多媒体教室、语音室等教学场所，更需要能够满足信息化教学需求的智慧教室、网络学习平台等现代化教学设施。高职院校应根据英语课程思政建设的实际需要，科学规划、合理配置教学资源，为教师开展思政元素挖掘、课程内容设计、教学活动组织等提供必要的物质基础。

1. 加大对英语教学硬件的投入力度

在硬件方面，要积极构建功能多样、布局合理的专业教室，如配备交互式电子白板、无线投屏系统的智慧教室，能够满足口语教学需求的数字化语音室，方便学生自主学习的网络多媒体教室等。同时，要建设高速、稳定、覆盖面广的校园网络，为师生提供优质的网络学习环境。

2. 完善教学设施

科学完备的教学设施能够拓展英语课程思政教育的时空维度，促进思政元素与英语学科知识的深度融合。通过现代化教学场所的建设和信息化教学资源的配置，教师能够便捷地获取优质教学素材，灵活设计教学活动，有效组织课堂讨论和在线互动，充分调动学生学习的主动性和参与性。例如，利用交互式电子白板呈现真实的跨文化交际场景，引导学生思考文化差异和价值观念，培养其家国情怀和全球视野；借助网络学习平台，学生能够根据自身特点和需求，开展个性化、自主化的学习，提升跨文化交际能力和批判性思维能力。

3. 与英语课程思政教育相适应

硬件设施的投入需要与英语课程思政教育的整体规划和建设进度相适应，避免盲目追求"高大上"而造成资源浪费。高职院校应在充分调研的基础上，有针对性地加强教学设施建设，既体现前瞻性和引领性，又突出实用性和针对性。只有建立起与英语课程思政教育目标相匹配、与教学模式变革相适应的硬件支撑体系，才能为推进高职英语课程思政建设提供坚实保障，进而全面提升育人质量。

（二）师资队伍构建

构建一支思政与英语教学相结合的高素质教师队伍是实施高职英语课程思政的关键。教师不仅要具备扎实的英语专业知识和教学技能，而且需要具备深厚的思想政治素养和育人意识。只有教师树立正确的世界观、人生观和价值观，才能在教学中有意识、有目的地对学生进行思想政治教育。同时，教师还应具备创新意识和研究能力，善于从英语教材中发掘蕴含的思政元素，设计富有吸引力和感染力的教学活动，引导学生在学习语言知识的同时，加深对社会主义核心价值观的理解和认同。

为了打造一支高水平的思政与英语教学复合型教师队伍，高职院校应采取多种措施。一方面，要加强教师的思想政治教育，定期开展理想信念教育、形势政策教育等，提高教师的思想觉悟和政治素质。另一方面，要强化教师的教学能力培训，通过教学研讨、教学观摩、教学比赛等，促进教师教学水平的提升。此外，还应鼓励教师深入开展课程思政教学研究，总结提炼教学经验，形成可推广、可借鉴的教学模式和方法。

构建思政与英语教学团队，实现优势互补、资源共享，是提升高职英语课程思政教学实效的重要途径。一方面，思政课教师可以为英语教师提供思想政治教育的专业指导，帮助其准确把握课程思政的内涵和要求。另一方面，英语教师可以与思政课教师合作，共同探讨将思政元素有机融入英语课堂教学的策略和方法。双方通力合作，既能够实现思政教育与英语教学的有机结合，又能够促进彼此的专业成长，形成教学相长、协同育人的良好局面。

高职院校还应完善相关制度，为教师开展课程思政教学提供必要的支持和保障。第一，要在教师考核评价中体现课程思政教学质量，将其作为教师业绩考核的重要内容。第二，要在教师职称评聘中突出课程思政教学业绩，将其作为职称评聘的重要依据。第三，要在教学资源配置中向课程思政教学倾斜，为教师提供必要的教学设备、教学资料等。第四，要在教师培训进修中强化课程思政教学内容，提高教师开展课程思政教学的能力和水平。

（三）教学资源与方法优化

高职英语课程教学资源和方法优化对于深入开展课程思政教育具有重要意义。教学资源是课程思政教育的基础载体，它包括教材、课件、音视频、网络资源等多种内容。传统的高职英语教材大多侧重语言知识和技能训练，较少涉及思想政治教育内容。因此，教师需要充分挖掘教材中蕴含的思政元素，并积极开发补充材料，如英文报刊、文学作品、演讲视频等，丰富课程思政教育资源。同时，教师应注重教学资源的时代性和针对性，选取能够引起学生共鸣、贴近学生生活的素材，激发学生的学习兴趣和参与热情。在教学资源的呈现方式上，教师还应充分利用信息技术手段，将思政内容与语言学习有机结合起来，创设生动、直观、互动性强的学习情景，提高课程思政教育的吸引力和感染力。

课程思政教育的有效实施还离不开科学合理的教学方法。传统的"填鸭式""灌输式"教学显然已经不能适应新时代高职学生的学习特点和成长需求。教师应积极创新教学方法，突出学生的主体地位，引导学生自主探究、主动思考。例如，教师可以采用任务驱动法，设计富有思政内涵的学习任务，引导学生在完成任务过程中感悟思政道理、提升思想觉悟；又如，教师可以组织开展课堂讨论、辩论等互动活动，鼓励学生表达自己的观点和看法，在碰撞交流中加深对思政内容的理解和认同；再如，教师还可以利用翻转课堂理念，引导学生课前自学思政内容，课上重点进行讨论和内化，促进思政教育与语言实践的深度融合。总之，只有根据教学内容和学生特点灵活采用多种教学方法，才能真正调动学生参与课程思政教育的积极性，提高思政教育的针对性和实效性。

此外，加强教学反思和经验总结也是优化高职英语课程思政教育的重要举措。教师应及时评估教学效果，分析存在的问题和不足，不断改进教学设计和实施策略。同时，教师还应加强与学生的沟通和反馈，及时了解学生的学习状态和思想动态，有针对性地调整教学方案，为学生提供更加优质、适切的思政教育服务。教师还可以通过教学沙龙、经验交流会等形式，与其他教师分享课程思政教育的心得体会，相互学习、相互启发，共同提升课程思政教育的专业化水平。

四、高职英语课程思政教育的学生需求

（一）学生职业发展需求

在高职院校英语教学中，培养学生的职业英语能力对于其未来职业发展至关重要。职场环境对英语的需求已经超越了基础的语言交流，更注重在专业领域中灵活运用英语的能力。因此，高职英语教学必须紧密结合学生的专业特点和职业发展需求，有针对性地开展教学活动。

首先，高职英语教学应着力提升学生在职场中运用英语进行有效沟通的能力。这不仅包括口语表达和书面写作，而且包括在专业场合中准确理解他人、清晰表达自我的能力。例如，在商务谈判、产品推介、技术交流等情景中，学生需要具备熟练运用专业词汇、准确把握语言风格、灵活调整交流策略的能力。高职英语教学应通过设计贴近真实职场的任务情景，让学生在模拟练习中积累

经验，提升职场语言表达能力。

其次，高职英语教学还应注重培养学生利用英语获取专业知识、拓宽国际视野的能力。在全球化背景下，大量前沿的科技信息和行业动态都以英文的形式传播。若学生能够熟练运用英语，则能更高效地获取专业领域的最新知识，了解国际先进技术和发展趋势。这不仅有助于学生个人的职业发展，也能为企业引进先进理念、参与国际竞争提供人才支撑。为此，高职英语教学应引导学生养成主动用英语学习专业知识的习惯，为学生提供丰富的英文学习资源，创设利用英语拓宽专业视野的平台。

最后，跨文化交际能力也是高职学生职业发展所必需的。在日益多元化的职场环境中，学生需要具备敏锐的跨文化意识，能够尊重文化差异，用包容、开放的心态与不同文化背景的人士进行有效沟通。高职英语教学应加强跨文化交际能力的培养，帮助学生了解不同文化的交际规范和禁忌，学会站在对方的角度思考问题，以灵活、得体的方式化解文化冲突，营造和谐的跨文化工作氛围。

（二）学生个人成长目标

英语学习不仅是一个掌握语言知识和技能的过程，更是一个提升综合素质、实现个人成长的过程。高职英语课程蕴含着丰富的教育资源，通过合理设计和有效实施，能够为学生的全面发展提供重要支撑。

从知识层面来看，高职英语课程有助于拓宽学生的知识视野，丰富其人文积淀。英语作为一门国际通用语言，承载着英语国家悠久的历史文化和多元的社会风貌。通过英语课程学习，学生能够深入了解英美等国家的政治制度、经济发展、文化传统等，开阔国际视野，增强文化自信。同时，许多人文社科领域的经典著作都有英文版本，学习英语也为学生汲取人类智慧成果、提升人文素养提供了便利。可以说，高职英语课程在知识传授中蕴藏着丰富的人文内涵，对学生知识结构的完善具有重要价值。

从能力层面来看，高职英语课程是培养学生关键能力的重要载体。英语学习不仅训练学生的语言表达能力，更能锻炼其逻辑思辨、批判性思维等高阶思维能力。在英语学习过程中，学生需要分析语篇结构、揣摩作者意图、评判观点正误，这些都是理性思考和逻辑推理的体现。同时，英语口语交际、写作等实践活动，也为学生提供了锻炼沟通表达、团队协作等能力的机会。此外，运用英语解决实际问题、参与国际交流，还能提升学生的跨文化交际能力和全球竞争力。由此可见，高职英语课程在能力培养方面具有独特优势，是学生实现个人发展的关键途径。

从品格塑造层面来看，高职英语课程肩负着培养学生积极向上品格的重任。英语世界的人文经典中蕴藏着丰富的道德教化资源，如通过学习名人传记、励志故事，学生能够感受到世界文化中的进取精神、人道情怀等，领悟"自强不息""厚德载物"的传统美德。英语学习过程中形成的吃苦耐劳、迎难而上的品格，也将伴随学生终身发展。引导学生用英语讲好中国故事、传播好中国声音，不仅能增强民族自豪感和文化认同感，更能唤起学生的家国情怀，激励其勇担时代重任。由此可见，高职英语课程在学生品格塑造中大有可为，是落实立德树人根本任务的生动实践。

（三）学生社会责任感培养

高职英语教学不仅承担着培养学生语言技能、拓展文化视野的重任，更肩负着塑造学生社会责任感、提升公民意识的使命。在英语课堂中融入社会主义核心价值观教育，引导学生树立正确的世界观、人生观和价值观，是新时代高职英语教学的应有之义。

英语作为一门人文学科，蕴含着丰富的思想内涵和道德资源。在教学过程中，教师可以通过精心设计教学内容和活动，引导学生关注社会热点问题，思考个人与社会、国家、世界的关系。例如，在学习环保主题时，教师可以播放关于全球气候变化的纪录片，组织学生讨论人类活动对生态环境的影响，引导其认识到保护环境、节约资源的重要性，树立可持续发展理念。又如，在学习职业主题时，教师可以介绍不同行业的典型从业者，分析其职业素养和社会贡献，帮助学生确立正确的职业价值观，激发其报效社会、服务人民的责任感和使命感。

高职院校大多培养应用型技术技能人才，学生毕业后将直接走上生产、管理、服务一线。因此，在英语教学中培养学生的社会责任感，对其未来职业发展和人生幸福具有重要意义。一方面，具有强烈社会责任感的员工往往更加忠诚敬业、遵纪守法，能够在工作中充分发挥主观能动性，为单位和社会创造更大的价值。另一方面，社会责任感是公民意识的重要体现，有助于学生形成正确的是非观念，培养奉献精神，促进其全面发展和健康成长。可以说，社会责任感既是职场成功的基石，也是幸福人生的底色。

为了更好地在英语教学中培养学生的社会责任感，高职英语教师还应注重营造良好的课堂氛围，加强师生、生生互动，鼓励学生畅所欲言，表达自己的观点和看法。同时，教师也要以身作则，用自己的言行影响和感染学生，做学生健康成长的引路人。比如，教师可以与学生分享自己参与志愿服务、关心弱势群体的经历，讲述见义勇为、诚实守信的故事，激发学生向上向善的情怀。此外，学校还可以依托英语课程开展丰富多彩的实践活动，为学生履行社会责任提供平台。例如，开展"英语角"活动，组织学生用英语介绍中华优秀传统文化，弘扬民族精神；举办英语演讲比赛，引导学生关注社会问题，提出解决方案；开展志愿服务，鼓励学生用英语为外国友人提供帮助，展现大国青年风采。学生在实践中感悟责任与担当，方能内化于心、外化于行。

第三节　高职英语开展课程思政教育的原则

一、系统性原则

（一）理论与实践的系统结合

理论与实践的系统结合是高职英语课程思政教育的重要原则。要实现课程思政的育人目标，就必须坚持理论与实践相统一，确保思政内容渗透到英语教学的全过程。这不仅有助于增强思政教育的针对性和实效性，更能推动学生英语学科素养的提升和全面发展。

在理论层面，高职英语教师应深入研究马克思主义理论体系，深刻把握习近平新时代中国特色社会主义思想的丰富内涵。只有理论素养过硬，教师才能在教学中自如地引经据典，用马克思主义的立场、观点、方法分析社会现实，引导学生树立正确的世界观、人生观和价值观。同时，教师还要认真研读英语学科核心素养的内涵，厘清知识、能力、情感态度价值观三维目标的内在逻辑，将社会主义核心价值观内化为英语课程的育人目标，确保思政内容既符合学科特点，又具备思想性和时代性。

在实践层面，教师要创新教学方法和途径，将思政元素自然、和谐地融入英语知识讲解和语言训练之中。例如，在讲解美国总统就职演说时，教师可以引导学生分析其遣词造句的特点，感受言语背后的价值取向；在开展跨文化交际训练时，教师可以启发学生比较中西方文化差异，增进对中华优秀传统文化的认同感和自豪感。总之，思政教育要融入听、说、读、写等各项语言技能的培养之中，贯穿词汇语法、篇章结构、语用策略等各个教学环节，做到春风化雨、润物无声。

此外，高职英语教师还要注重课内外实践活动的开展，引导学生将所学知识和技能运用到社会实践中。通过开展志愿服务、社会调查等活动，学生不仅能够提高语言运用能力，更能增强社会责任感和奉献精神。在实践锻炼中，学生既能领略祖国锦绣河山的美丽风光，又能感受中国共产党的初心使命和不懈奋斗，理想信念更加坚定，爱国主义情怀更加饱满，将社会主义核心价值观内化于心、外化于行，成长为德智体美劳全面发展的高素质技能人才。

（二）教学内容与方法的系统规划

高职英语课程思政教育的实施需要构建一个系统、科学、规范的教学体系，这是实现课程思政育人目标的重要保证。教学内容和教学方法是教学体系的核心要素，二者相辅相成、缺一不可。教学内容是基础，它决定了课程思政的育人导向和价值取向；教学方法是手段，它直接影响着课程思政的教学效果和育人质量。因此，高职英语教师在开展课程思政教育时，必须高度重视教学内容与教学方法的系统规划和优化设计。

在教学内容选择上，教师应坚持以习近平新时代中国特色社会主义思想为指导，深入挖掘英语课程中蕴含的思政元素，精心设计融入思政内容的教学主题。一方面，要充分利用英语课程的人文性特点，选取体现中华优秀传统文化、革命文化、社会主义先进文化的经典篇章，引导学生感悟中华文化的博大精深，增强文化自信。另一方面，要积极借鉴国外优秀文化成果，选择彰显人类真善美的英语素材，帮助学生构建正确的世界观、人生观和价值观。同时，教师还要关注学生的专业特点和职业需求，有针对性地选取与其专业相关、与未来职业生涯发展密切相关的英语材料，提高思政教育的针对性和实效性。

在教学方法运用上，教师应树立"以学生为中心"的教学理念，突出学生的主体地位，创新教学模式和手段。传统的"填鸭式""灌输式"教学方法已不能适应新时代课程思政教育的要求，教师需要积极探索启发式、互动式、体验式等多元化教学方法，充分调动学生参与课程思政的主动性和积极性。例如，教师可以采用情景教学法，利用多媒体技术创设生动形象的教学情景，引导学生在具体情景中感悟思政内涵；又如，教师可以组织主题讨论或辩论，鼓励学生畅所欲言，表达自己的观点和看法，在平等交流、思想碰撞的过程中加深对思政内容的理解和认同。此外，教师还可以引导学生开展社会实践活动，将课堂所学知识运用到实际生活中，在服务社会、奉献他人过程中提升思想境界、强化责任担当。

二、实践性原则

(一) 结合社会实际情况

结合社会实际情况，将课程内容与社会发展相对接，是高职英语课程思政教学中应遵循的重要原则。这一原则要求教师在设计教学内容时，立足社会现实，关注时代发展，使英语课程内容能够与学生未来的职业生涯和社会实践紧密联系，从而提高教育的针对性和实效性。

1. 深入分析社会需求

在新时代背景下，社会对高职人才的要求已经发生了深刻变化。单纯掌握英语语言知识和技能已经远远不够，学生还需要具备跨文化交际能力、批判性思维能力、创新创业能力等综合素质。因此，高职英语教师要主动走出校门，深入企业一线，全面了解行业发展动向和用人标准，准确把握社会对人才培养的新要求、新期待。只有这样，才能在英语教学中有的放矢地融入思政元素，培养适应社会发展需要的高素质技术技能人才。

2. 优化课程内容设置

高职英语教师要立足学生的职业发展需要，优化整合教学内容，合理设置教学模块。一方面，要注重英语语言知识和技能的系统性、科学性，夯实学生的语言基础；另一方面，要适当拓展教学内容的广度和深度，加强与学生专业、职业的联系，提高英语学习的实用性和应用性。例如，在讲授求职面试、职场交际等主题时，教师可以引入真实的案例素材，设计模拟情景，引导学生在具体语境中学以致用，提升跨文化交际能力和职业适应能力。再如，在阅读教学中，教师可以选取反映时代发展、彰显中国特色的文章，引导学生用英语讲好中国故事、传播好中国声音，增强文化自信。

3. 创新教学方法和手段

随着现代信息技术的迅猛发展，英语教学的方法和手段也在不断更新。高职英语教师要主动拥抱新技术、新媒体，充分利用慕课、微课、移动 App 等信息化教学手段，拓展课程内容的呈现方式，提高教学的吸引力和感染力。同时，教师还要注重学生的主体地位，积极采用启发式、探究式、参与式等教学方法，激发学生的学习兴趣和主动性，引导其在实践中感悟英语的魅力，体验思政教育的意义。例如，教师可以组织学生开展英语演讲比赛、英语辩论赛、英语话剧表演等实践活动，在潜移默化中加强价值引领，促进知行合一。

（二）促进学生积极参与

在高职英语课程思政教育中，创设参与式学习环境是促进学生主动参与、提升实践能力的关键所在。传统的英语教学模式往往以教师讲授为主，学生被动接受知识，难以调动学生的学习积极性和主动性。而参与式学习强调以学生为中心，通过营造开放、互动、合作的课堂氛围，为学生提供充分展示自我、锻炼能力的机会，从而实现教学相长。

1. 树立"以学生发展为本"的教学思想

在教学设计中，教师应围绕学生的兴趣爱好、认知特点，精心设计教学内容和活动形式，激发学生的学习动机和探究欲望。例如，教师可以将英语学习与思政元素有机结合，引导学生探讨文化差异、价值观念等主题，培养其批判性思维和跨文化交际能力。同时，教师还应创新教学方法，灵活运用情景教学、角色扮演、小组合作等形式，营造轻松愉悦、生动活泼的课堂氛围，调动学生的积极性，使其乐于参与课堂互动。

2. 构建开放、民主、平等的师生关系

传统的师生关系强调教师的权威地位，容易导致学生产生畏难情绪，不敢表达自己的观点和看法。而在参与式学习中，教师应放下身段，以学生为友，营造平等、和谐的交流氛围。教师要耐心倾听学生的想法，尊重学生的个体差异，给予其充分表达和展示的机会。同时，教师还应鼓励学生质疑、争辩，培养其勇于创新、敢于突破的精神。唯其如此，学生才能卸下思想包袱，敞开心扉，积极投入到课堂互动中。

3. 合理运用现代信息技术

合理运用现代信息技术，搭建线上线下相结合的学习平台，也是创设参与

式学习环境的有效途径。随着"互联网+"时代到来，信息技术日新月异，为英语教学注入了新的活力。教师应积极利用多种技术手段，为学生提供丰富多样的学习资源和交流渠道。学生可以通过网络平台开展自主学习、在线讨论、协作探究等活动，突破时空限制，拓展学习空间。同时，教师还可以利用大数据技术，对学生的学习行为和效果进行跟踪分析，及时调整教学策略，为学生提供个性化的指导和帮助。这种线上线下相结合的学习方式，能够充分调动学生学习的主动性，提高其参与度和获得感。

三、个性化原则

（一）尊重学生差异

尊重学生差异是开展高职英语课程思政教育的重要原则之一。每名学生都是独特的个体，他们在认知风格、兴趣爱好、学习基础等方面存在着明显差异。因此，教师在设计和实施课程思政教育时，必须充分考虑这些差异，针对不同学生的特点和需求，制订个性化的教学策略。

从认知风格角度来看，有的学生偏向于抽象思维，善于总结归纳；有的学生偏向于形象思维，喜欢通过具体的案例来理解知识。面对这种差异，教师应灵活运用多种教学方法，比如：运用概念图、思维导图等，帮助抽象思维型学生梳理知识脉络；运用案例教学、情景模拟等，引导形象思维型学生将知识与实践相联系。通过多元化的教学设计，教师能够满足不同认知风格学生的学习需求，提高课程思政教育的针对性和实效性。

从兴趣爱好角度来看，有的学生酷爱英美文学，有的学生醉心于语言学研究，还有的学生热衷于跨文化交际。面对这种差异，教师应该拓宽课程思政教育的内容领域，在教学中适当融入不同主题的素材，如经典文学作品赏析、语言演变历程探究、中西方文化差异比较等。通过丰富多彩的课程内容，激发不同兴趣爱好学生的学习热情，营造良好的课堂氛围，提升课程思政教育的吸引力和感染力。

从学习基础角度来看，有的学生英语水平较高，有的学生相对薄弱。面对这种差异，教师应该分层设置教学目标和任务，为不同水平的学生提供匹配的学习支架。对于英语基础扎实的学生，教师可以布置一些富有挑战性的任务，如英文演讲、辩论等，引导其进一步提升语言运用能力；对于英语基础薄弱的学生，教师可以通过词汇释义、语法讲解等，帮助其夯实语言知识基础。同时，教师还可以采用小组合作学习的方式，让不同水平的学生相互帮助、共同进步。

（二）发挥学生主体性

在高职英语教学中，发挥学生的主体性，激发其个性潜能和创新思维，是实现课程思政目标的关键所在。这一理念不仅符合新时代人才培养的要求，也契合了语言学习的内在规律。

语言作为人类最重要的交际工具，其习得过程离不开主体的积极参与和创造性建构。教师若是一味地灌输，只会扼杀学生学习语言的兴趣，导致其学习动机低下、语言运用能力薄弱。相反，如果教师能够充分尊重学生的个体差异，创设开放、包容的课堂氛围，鼓励其大胆表达、勇于尝试，那么学生便能在轻松愉悦中感受语言的魅力，主动投入到语言实践中。久而久之，学生的语言应用能力也将得到显著提升。

在发挥学生主体性过程中，教师还应注重挖掘其个性潜能，激发其创新思维。每名学生都是独特的个体，都有自己的兴趣爱好、认知风格和思维方式。教师要善于发现学生的闪光点，因材施教，为其搭建展示自我的平台。比如，对于口语表达能力强的学生，教师可以鼓励其多参与课堂讨论、情景对话等活动；对于有写作天赋的学生，教师可以引导其尝试不同体裁和主题的写作训练；对于思维敏捷、善于创新的学生，教师可以设置开放性的探究任务，激发其潜能。总之，教师要以发展的眼光看待每名学生，帮助其找到最适合自己的学习方式和发展路径。

在英语教学中培养学生的创新思维，对于提高其综合语言运用能力、跨文化交际能力乃至解决问题的能力都具有重要意义。创新思维是一种发散性思维，它打破常规，挑战权威，善于从多角度、多层面思考问题。在英语学习过程中，学生经常会遇到陌生的语言环境和交际情景。此时若墨守成规，则很容易导致语言运用的僵化和交际的失败。反之，如果学生能够创造性地运用语言知识，灵活地调整交际策略，那么可能取得良好的沟通效果。可见，创新思维能够拓展学生的语言视野，提高其语言应变能力，是英语学习不可或缺的宝贵品质。

四、互动性原则

(一) 增强师生互动

在高职英语课程中，增强师生互动是提升教学质量、激发学生学习兴趣的重要途径。传统的"满堂灌"式教学模式已经难以适应新时代人才培养的需求，教师应积极转变教学理念，创新教学方法，营造良好的课堂互动氛围。

1. 强调以学生为中心

互动式教学强调以学生为中心，鼓励学生主动参与课堂活动，表达自己的观点和看法。在这一过程中，教师不再是高高在上的权威，而是学生学习的引导者和促进者。教师要放低姿态，尊重学生的个体差异，耐心倾听他们的声音，及时给予鼓励和反馈。同时，教师还要精心设计教学内容和活动，提出富有挑战性的问题，引导学生进行深入思考和讨论。例如，在学习专业英语词汇时，教师可以组织学生分组进行情景对话练习，让他们在实际应用中感悟词汇的用法和语境；在阅读专业文献时，教师可以引导学生提炼文章主旨，分析作者观点，培养其批判性思维能力。

2. 注重情感交流和价值引领

教师要关注学生的情感需求，通过亲和力与人格魅力感染及影响学生。在师生互动中，教师要善于捕捉教育契机，引导学生树立正确的世界观、人生观和价值观。例如，在学习涉及文化差异的主题时，教师可以引导学生比较中西方文化，反思自身的文化身份，增强文化自信；在学习涉及社会热点主题时，教师可以鼓励学生发表自己的见解，引导其形成理性、客观的判断，增强社会责任感。

3. 运用现代信息技术

现代信息技术为增强师生互动提供了新的可能。教师可以利用多媒体课件、在线教学平台等，创设生动、直观的教学情景，激发学生的学习兴趣。例如，教师可以在课前利用网络平台布置预习任务，引导学生自主探究；在课中利用交互式白板展示教学内容，便于学生参与讨论；在课后利用在线测试系统及时了解学生的学习效果，调整教学策略。这些技术手段不仅能够拓展教学时空，还能促进师生之间、学生之间的交流互动，营造良好的学习氛围。

（二）促进学生间协作

小组合作学习作为一种有效的教学策略，在高职英语课程思政实施过程中，发挥着重要作用。它不仅能够提高学生的英语语言能力，更能培养其团队合作意识和沟通交流能力，为学生未来的职业发展奠定坚实的基础。在小组合作学习中，学生需要通过互相讨论、分享观点、协调分工等方式，共同完成既定的学习任务。这一过程不仅能够锻炼学生的语言表达和逻辑思辨能力，而且能够提升其团队协作和人际交往的技能。

为了充分发挥小组合作学习的优势，英语教师应精心设计富有思政元素的教学活动，引导学生在语言学习的同时，加深对社会主义核心价值观的理解和认同。例如，教师可以选取体现爱国主义、集体主义精神的英文素材，组织学生开展小组讨论或角色扮演，让其在合作探究过程中感悟思政内涵，内化价值理念。又如，教师可以设计与学生专业相关的项目任务，要求小组成员通力合作，运用英语知识解决实际问题。在这一过程中，学生不仅能够提高英语应用能力，更能培养职业素养和创新意识。

教师还应注重营造民主、平等、互助的小组氛围，鼓励学生畅所欲言，尊重彼此差异。良好的小组氛围不仅有利于激发学生的参与热情，调动其学习积极性，更能促进思想的碰撞交流，引导价值观念的升华。同时，教师还要加强对小组活动的引导和监控，及时化解可能出现的矛盾冲突，维护小组内部的和谐稳定。只有在教师的科学指导下，小组合作学习才能真正发挥育人功效，帮助学生形成正确的世界观、人生观和价值观。

第四章　高职英语课程思政的实施策略

第一节　高职英语课程思政育人目标的制定

一、育人目标的制定原则

(一) 紧扣时代特点

随着社会的不断进步与时代的快速发展，高职英语课程思政建设已然成为当前教育改革的重要议题。在全面推进素质教育、落实立德树人根本任务的新形势下，如何充分发挥高职英语课程的育人功能，培养学生正确的世界观、人生观和价值观，成为广大教育工作者思考和探索的重点。而要实现这一目标，首要任务就是制定科学、合理、可行的育人目标。这不仅是开展高职英语课程思政的基础和前提，更是促进课程改革、提高人才培养质量的关键。

制定高职英语课程思政育人目标，必须紧密结合时代特点和社会需求。当前，我国正处于全面建设社会主义现代化国家、实现中华民族伟大复兴的关键时期，国家发展对高素质技术技能人才的需求日益迫切，对职业教育提出了新的更高要求。高职英语课程作为培养技术技能人才的重要载体，其育人目标的制定必须立足国家战略，服务经济社会发展大局。一方面，要深入贯彻党的教育方针，坚持社会主义办学方向，把培养担当民族复兴大任的时代新人作为教育的根本任务。另一方面，要主动对接行业企业需求，瞄准区域经济社会发展，培养具有国际视野、通晓国际规则、能够参与国际事务和国际竞争的复合型技术技能人才。唯有如此，才能彰显高职英语课程的时代价值，实现知识传授与价值引领的有机统一。

(二) 全面育人

在高职英语课程思政育人目标制定过程中，平衡知识教学与德育教育的关系是一项重要原则。这既是落实立德树人根本任务的必然要求，也是提升课程思政实效性的关键所在。知识教学作为高职英语教学的基础，其重要性不言而喻。扎实的语言知识和熟练的语言技能是学生进一步学习和发展的前提。但如果仅仅局限于语言知识的传授，而忽视了学生价值观念、道德品质的塑造，就无法真正实现高职英语教育的育人功能。因此，在课程思政育人目标制定过程中，必须坚持知识教学与德育教育并重，努力实现二者的有机统一。

知识教学应该与德育教育深度融合、同向同行。教师在传授英语语言知识的同时，要善于挖掘教学内容中蕴含的思政元素，将社会主义核心价值观、中华优秀传统文化、革命文化、社会主义先进文化等有机融入教学全过程。比如，在讲授环保主题时，教师可以引导学生思考人与自然和谐共生的理念，培养他们的生态文明意识；在介绍中外文化差异时，教师可以引导学生增强文化自信，坚定文化自觉，提升跨文化交际能力。这种潜移默化的方式有助于学生在学习知识的同时，接受德育的熏陶，实现全面发展。

高职院校还应该充分发挥第二课堂的德育功能，拓展课程思政育人途径。教师可以通过组织英语角、英语演讲比赛、英语歌曲赏析等课外活动，为学生提供运用语言的实践平台。在活动中，教师要注重引导学生关注社会热点问题，用英语表达自己的观点和看法，增强社会责任感。同时，教师还可以组织学生开展志愿服务、社会实践等活动，引导他们在服务他人、奉献社会过程中提升道德修养，内化社会主义核心价值观。

（三）科学合理

在制定高职英语课程思政育人目标时，必须坚持科学合理的原则，确保育人目标与教学实践相匹配。这一原则的核心在于实现理论与实践的有机统一，使育人目标既具有前瞻性和引领性，又具有可操作性和实效性。

科学合理的育人目标应该立足高职英语教学的特点和规律，全面考虑学生的认知发展水平、学习需求和职业发展方向，进行系统设计和动态调整。在目标设置上，要坚持知识传授与能力培养并重，既重视英语语言知识和交际技能的掌握，又注重学生思辨能力、跨文化交际能力、自主学习能力等关键能力的提升。同时，育人目标还应融入社会主义核心价值观教育，引导学生树立正确的世界观、人生观和价值观，培养其家国情怀、使命担当和职业操守。

在目标落实上，教师要充分利用课程资源，创新教学模式和方法，增强课程思政元素与英语教学内容的契合度。通过案例分析、情景模拟、项目实践等方式，引导学生将所学英语知识运用到职场情景中，提高语言运用能力。在教学过程中，教师还应挖掘教材中蕴含的思政元素，引导学生在语言学习中感悟中华优秀传统文化，增强文化自信。此外，要高度重视学生的情感体验和价值引领，使其在潜移默化中实现知行合一、德技并修。

科学合理的育人目标还应该兼顾理想性和现实性，在目标设置上给予学生一定的挑战，激发其进取心和上进心；同时，不能脱离学生的实际水平，避免因目标过高而打击学生积极性。育人目标的实现需要教师、学生、学校三方共同努力。教师要加强教学研究和实践反思，不断优化教学设计；学生要端正学习态度，勇于突破自我；学校要完善教学管理和评价机制，营造良好的育人环境。只有三位一体、协同推进，才能不断提升思政育人实效。

二、育人目标的层次与结构

（一）层次划分

在高职英语课程思政育人目标制定过程中，需要充分考虑不同层次的教育目标，包括基础教育、专业教育和全面发展教育。这三个层次相互关联、递进提升，共同构成了高职英语课程思政育人的完整体系。

基础教育层面的育人目标旨在夯实学生的英语语言基础，培养其听、说、读、写等语言技能，使其具备在日常生活和职场环境中运用英语进行有效交流的能力。这一层面的教学重点在于语法、词汇、语音等语言知识的传授和训练，同时融入爱国主义、集体主义等思想政治教育元素，引导学生树立正确的世界观、人生观和价值观。

专业教育层面的育人目标侧重于培养学生的职业英语能力，使其能够熟练运用英语处理与未来职业相关的业务活动。教学内容涵盖行业词汇、职场情景对话、商务写作等，同时融入职业道德、敬业精神、诚信意识等职业素养教育。通过与专业知识的有机结合，帮助学生建立起职业英语能力与专业技能之间的联系，提升其就业竞争力。

全面发展教育层面的育人目标强调英语学科的人文内涵和综合素质培养功能。课程应广泛涉猎英美文学、西方文化、跨文化交际等内容，拓宽学生的国际视野，培养文化理解和包容的品格。同时，鼓励学生参与英语演讲、辩论、戏剧表演等实践活动，锻炼口头表达、逻辑思辨、团队协作等关键能力，促进学生身心全面发展。

这三个层次的育人目标相辅相成、有机统一。基础教育是专业教育和全面发展教育的前提和基石；专业教育是基础教育在职业领域的深化和拓展；全面发展教育则立足人的全面发展需求，超越语言和职业的局限，致力于学生综合素质的提升。高职英语教师应准确把握不同层次教学目标的内在逻辑和连续性，科学设计教学内容，合理安排教学进度。在教学实践中，教师要注重挖掘英语课程中蕴含的思政教育元素，将显性教学与隐性教育相结合，在潜移默化中实现育人目标。同时，教师还要关注学生的个体差异，因材施教，为处于不同英语水平、拥有不同发展需求的学生提供针对性的指导和帮助。

（二）结构建设

高职英语课程思政育人目标的结构建设需要从整体框架设置和多维度拓展两个方面入手。育人目标的框架设置应遵循科学性、系统性和可操作性原则。科学性要求育人目标制定必须立足教育教学规律，符合学生身心发展特点和认知规律；系统性强调育人目标要形成清晰、完整的逻辑体系，各目标之间相互关联、相互促进；可操作性意味着育人目标要具体、明确，能够通过教学实践加以落实和检验。

在此基础上，高职英语课程思政育人目标的框架可以划分为价值引领、能力提升、知识传授三个层次。其中，价值引领是育人目标的灵魂和方向，旨在帮助学生树立正确的世界观、人生观和价值观，涵养高尚的道德情操，坚定理想信念；能力提升聚焦学生的语言应用能力、跨文化交际能力、思辨能力、创新能力等关键能力的培养，强调学以致用、学用相长；知识传授注重英语语言知识和相关人文知识的系统、扎实掌握，夯实学生可持续发展的基础。这三个层次相辅相成、交相渗透，共同构成了高职英语课程思政育人目标的完整框架。

在设置框架的同时，育人目标还需要在多个维度上实现拓展和深化。一方面，要立足学生全面发展，统筹兼顾德智体美劳，将价值塑造、能力培养、知识传授与美育、劳动教育等有机结合，实现育人目标的全面覆盖。另一方面，要充分挖掘英语学科的育人元素，深入发掘英美文学作品蕴含的思想内涵和人文精神，引导学生在学习语言知识过程中接受熏陶、汲取营养。

此外，育人目标的拓展还要关注学生成长的不同阶段和职业发展需求。对于新入学的学生，应着重培养学习兴趣，帮助其尽快适应大学英语学习；对于高年级学生，要加强专业英语教学，提升其职场竞争力和可持续发展能力。同时，要充分利用第二课堂、社会实践等多种途径，拓宽育人渠道，增强育人实效。

（三）互动衔接

不同层次育人目标之间的互动衔接是实现高职英语课程思政教育全面育人的关键。高职英语课程承担着培养学生英语综合应用能力、跨文化交际能力以及思想品德、文化素养等多重任务。这就要求在制定育人目标时，必须统筹考虑各层次目标之间的内在联系和转化路径，形成科学合理、环环相扣的目标体系。

基础目标、专业目标、发展目标是高职英语课程思政育人目标体系的三个层次。其中，基础目标强调学生英语语言知识和技能的掌握，是开展专业学习和未来职业发展的前提和基础。专业目标侧重培养学生运用英语处理专业领域事务的能力，体现了高职教育的类型特点和人才培养定位。发展目标着眼于学生综合素质的提升，涵盖思想道德、文化修养、创新意识等诸多方面，对学生的可持续发展具有深远影响。

这三个层次的育人目标既相互独立，又相互联系、相互促进。没有扎实的语言基础，学生难以应对专业领域的挑战；而专业英语能力的提升又为学生未来的发展奠定了坚实的基础。同时，发展目标的达成也离不开基础目标和专业目标的支撑。只有语言能力过关、专业素养过硬，学生才能拥有源源不断的发展动力，最终实现全面而有个性的发展。因此，英语教师要在教学中加强各层次育人目标的融通，使之形成合力，避免各自为政、顾此失彼。

教学内容的选择、课堂活动的设计、师生互动的组织都应围绕育人目标的衔接来开展。例如，在语法教学中，教师可以补充介绍不同语法结构在专业语境中的典型用法，帮助学生领会语言形式和交际功能的对应关系。在阅读教学中，教师应选取与专业相关的语篇材料，设计探究性问题，引导学生深入思考语篇内容的社会文化内涵。在口语教学中，教师可以创设贴近专业实际的情景，组织学生进行角色扮演，强化思辨能力和责任意识的培养。

三、育人目标的具体内容

（一）知识传授

知识传授是高职英语课程思政育人目标的核心内容之一。在英语教学中，教师应重视英语专业知识与技能的系统传授，帮助学生构建完整的英语知识体系，提升其英语应用能力。这不仅是实现英语教学目标的基础，更是落实课程思政、培养学生综合素质的关键。

在英语专业知识教学中，教师应系统梳理语音、词汇、语法、篇章等各个知识模块，明确其内在逻辑关系，引导学生形成结构化的认知框架。同时，教师还应关注英语知识的实际应用，通过情景创设、任务驱动等方式，让学生在具体语境中感悟语言的魅力，体验语言的实用性，提高运用英语的能力。例如，在教授英语词汇时，教师可以引导学生探究词根词缀，掌握构词规律，并设计相关练习，让学生在实践中巩固和拓展词汇量。又如，在阅读教学中，教师可以选取富有思想性、启发性的篇章，引导学生深入分析作者的写作意图和语言风格，感悟文章的思想内涵，提升文学鉴赏和批判性思维能力。

在英语技能培养方面，教师应充分利用现代信息技术手段，创设多样化的教学情景，为学生提供丰富的语言实践机会。听、说、读、写各项技能的训练都应有机结合、相互促进，使学生的英语应用能力得到全面提升。例如，教师可以通过配音、角色扮演等活动，让学生在模拟场景中练习口语表达；通过小组合作、项目探究等方式，培养学生的写作能力和团队协作意识；借助网络平台，开展在线翻译、跨文化交流等活动，拓宽学生的国际视野。这些形式多样、贴近生活的教学设计，不仅能激发学生学习英语的兴趣，更能促进其英语技能的内化和提升。

在英语专业知识与技能教学过程中，教师还应注重思政元素的有机融入。通过恰当的话题选择和师生互动，引导学生思考语言背后的文化内涵，感悟中华优秀传统文化的博大精深，坚定文化自信；通过对比分析中外文化异同，培养学生开放、包容的文化心态，提升跨文化交际能力；通过解读名人事迹，弘扬社会主义核心价值观，激励学生奋发向上、砥砺前行。唯有将显性教学与隐性教育相结合，才能实现英语教学与思政教育的深度融合，为学生的全面发展奠定坚实的基础。

（二）品德塑造

品德塑造是高职英语课程思政育人目标的重要组成部分，旨在培养学生正确的价值观念、职业道德和社会责任感，使其成为德才兼备的高素质技术技能人才。在英语教学过程中，教师应充分挖掘教材中蕴含的思政元素，创设富有情景和意义的教学活动，引导学生深入思考人生价值、职业操守等重大问题，帮助其形成积极向上的人生态度和高尚的道德情操。

1. 与英语语言知识的学习紧密结合

教师在传授语法、词汇等知识点时，可以适时引入与之相关的文化背景知识和道德教育内容。例如，在学习环保主题的词汇时，教师可以引导学生讨论人与自然的关系，培养其尊重生命、爱护环境的意识；在进行职业主题对话时，教师可以设计角色扮演等体验式活动，让学生在模拟情景中感悟职业精神的内涵，提高职业道德修养。通过语言学习与品德教育的有机融合，学生不仅能够掌握扎实的英语语言技能，更能够构建起完整的价值观体系，为未来的职业发展奠定坚实的基础。

2. 注重学生社会责任感的培养

当代大学生作为国家发展的生力军，必须具备强烈的社会责任意识和奉献精神。在英语教学中，教师可以选取富有正能量的时事素材，如脱贫攻坚等典型事例，引导学生关注社会发展，思考自身担当。同时，教师还可以组织学生开展志愿服务、社会实践等活动，鼓励其在服务他人、奉献社会过程中升华道德情操，提升社会责任感。唯有将个人发展与国家命运紧密相连，学生才能真正成长为有理想、有本领、有担当的时代新人。

3. 营造良好的校园文化环境

学校应充分发挥第二课堂的育人功能，定期开展丰富多彩的校园文化活动，如英语演讲比赛、英语歌曲大赛、英语话剧表演等，为学生提供展示自我、锻炼能力的平台。在活动中，教师可以巧妙地融入爱国主义、集体主义等思想教育内容，引导学生传承优秀传统文化，坚定文化自信。同时，学校还应加强校园环境建设，充分利用橱窗、布告栏等营造良好的育人氛围，让学生在潜移默化中受到熏陶和感染，不断提升道德修养和人格境界。

（三）能力提升

在高职英语课程思政实施过程中，提高学生的批判性思维与创新能力是一项至关重要的任务。批判性思维是一种高阶认知能力，它要求学生能够对所接收的信息进行客观分析和评价，形成自己的见解和判断。而创新能力则体现为学生运用所学知识解决实际问题、提出新颖独特见解的能力。这两种能力的培养对于学生未来的学习、工作和生活都具有重要意义。

在高职英语教学中，教师可以通过精心设计教学内容和活动，为学生提供锻炼批判性思维和创新能力的机会。

第一，教师应选取富有思想性、时代性的教学材料，引导学生从不同角度分析问题，鼓励其质疑既有观点，形成自己的见解。例如，在学习有关环境保护主题时，教师可以引导学生思考人类活动对生态环境的影响，分析不同国家和地区在环境治理方面的政策差异，讨论可持续发展的路径选择。通过这样的学习过程，学生的批判性思维能力能够得到有效训练。

第二，教师应创设开放性的教学情景，鼓励学生进行创新性探索。例如，教师可以组织学生开展项目化学习，要求其运用所学英语知识调查、分析特定问题，提出解决方案。在这一过程中，学生需要打破思维定式，从多个角度考虑问题，提出新颖的见解和方案。这种探究式的学习方式能够极大地激发学生的创新潜能，培养敢于尝试、勇于创新的精神。

第三，教师应注重营造民主、平等、互信的课堂氛围，鼓励学生自由表达观点，积极参与讨论。只有在这样的环境中，学生的批判性思维和创新能力才能真正得到释放和发展。同时，教师还应加强对学生的引导和点拨，帮助其梳理思路、完善方案，提高思辨、创新的效率和质量。

第二节　高职英语课程思政教育资源的开发

一、高职英语课程思政教育资源的类型

（一）文本类教育资源

文本类教育资源作为高职英语课程思政建设的重要载体，对于实现立德树人根本任务、提升人才培养质量具有不可替代的作用。教材、案例、文献等文本资源蕴含着丰富的思想政治教育元素，是开展课程思政教学的宝贵财富。深入挖掘文本资源的思政内涵，创新教学设计与实施路径，对于推进高职英语课程思政建设、彰显英语学科育人功能至关重要。

1. 教材

高职英语教材不仅承载着语言知识和职场技能，更蕴含着价值取向等思政

内容。教师应认真研读教材，梳理其中的爱国主义、社会主义核心价值观、职业素养等要素，并结合教学内容，将其有机融入课堂教学之中。高职英语教材是思政元素与语言知识、职场技能深度融合的集成产物，有效开发利用教材资源，是实现课程思政目标的必由之路。

2. 案例

案例教学通过引入鲜活的现实问题情景，启发引导学生分析、讨论、评判，不仅能激发学习兴趣，更能培养职业伦理、批判性思维等综合素质。在案例选择上，教师应注重其思想性、针对性和时代性，紧密结合学生专业特点、认知规律和成长需求，选取既富含思政元素又贴近职场实际的典型案例。案例研讨是英语课程思政建设行之有效的路径，精心设计的案例既能帮助学生领悟语言内涵，又能引导其加深对职业使命、家国情怀的认知。

3. 文献

广泛阅读英语原著、期刊、报纸等文献，有助于学生全面理解英语国家国情、社情、民情，客观认识人类文明成果，增强跨文化交际能力。教师应指导学生广泛涉猎政治、经济、历史、哲学、文化等领域的英语文献，用发展的眼光、辩证的方法分析经典原著中的思政内涵。文献研读是英语课程思政建设不可或缺的路径。发挥文献资源的思政功能，能让学生在潜移默化中坚定理想信念、涵养家国情怀、提升人文素养。

（二）多媒体类教育资源

多媒体类教育资源作为高职英语课程思政建设的重要组成部分，在丰富教学内容、创新教学方法、传播思想观念等方面发挥着不可替代的作用。影视、音频、网络平台等多媒体资源以生动直观、感染力强的特点，为思政教育提供了多样化的载体和途径。

1. 影视资源

影视资源以独特的艺术表现力和情感渲染力，深刻地影响着学生的价值取向和道德情操。在高职英语教学中，教师可以精心选取蕴含正面价值观的英文电影、纪录片等，引导学生在观影过程中感悟人生哲理，领会文化内涵。与此同时，教师还可以组织学生就影片中的社会问题展开讨论，引导其形成正确的世界观、人生观和价值观。

2. 音频资源

音频资源凭借便捷性和移动性，已成为高职学生获取英语信息的重要来源。播客、有声读物等音频形式不仅能够提供地道、纯正的英语语言材料，而且其内容也涵盖了文化、历史、科技等多个领域。教师可以利用优质的英文播客资源，如 BBC、VOA 等，帮助学生拓宽知识视野，了解不同文化习俗，培养跨文化交际能力。同时，教师还可以引导学生关注音频材料中体现的价值理念，如环保意识、人文关怀等，增强其社会责任感和使命担当。

3. 网络平台

网络平台凭借开放性、交互性和共享性，为高职英语课程思政教育提供了广阔的空间。教师可以充分利用慕课、微课、学习通等网络平台，整合优质的英语教育资源，创设富有吸引力和感染力的学习情景。例如，教师可以在学习通上开设专题讨论，引导学生就社会热点问题发表见解，培养其批判性思维和论证能力。又如，教师可以引导学生利用国际交流平台与外国学生开展跨文化交流，增进相互理解，树立人类命运共同体意识。

（三）活动类教育资源

活动类教育资源在高职英语课程思政建设中发挥着不可替代的育人功能。学术讲座、讨论会、社会实践活动等多样化的教育形式，为学生提供了接受思想洗礼、陶冶道德情操、提升综合素质的宝贵机会。这些活动不仅能够拓宽学生的知识视野，引导其形成正确的世界观、人生观和价值观，更能够培养其爱国主义情怀、社会责任感和人文关怀精神。

1. 学术讲座

学术讲座是高职英语课程思政教育的重要载体。通过邀请国内外知名专家学者，围绕英语语言文化、跨文化交际、国际时事等主题开展讲座，可以让学生全方位、多角度地了解人类文明的多样性和包容性，感受中华优秀传统文化的博大精深，增强文化自信和民族自豪感。同时，学者治学严谨、锐意创新的精神风范，也能够感染和激励学生，引导其树立远大理想，砥砺奋进。

2. 讨论会

讨论会是引导学生主动参与、积极思考的有效方式。教师可以设计与英语学习和思政教育相关的讨论主题，如中西方文化差异、全球化背景下的国际交流、新时代大学生的使命担当等，组织学生开展小组讨论或辩论。在平等、开放的氛围中，学生能够畅所欲言，表达自己的观点和看法，倾听他人的声音。这一过程不仅能够提高学生的语言表达和逻辑思辨能力，更能够帮助其形成批判性思维，学会换位思考、包容差异，增进相互理解。

3. 社会实践活动

社会实践活动是落实立德树人根本任务的重要途径。教师可以引导学生走出校园，深入社区、企业、农村等开展志愿服务、调查研究、公益活动。在实践中，学生能够亲身感受改革开放以来祖国发生的巨大变化，了解人民群众的真实生活状况，加深对党的路线方针政策的理解和认同。同时，在为他人提供帮助、为社会贡献力量的过程中，学生也能够收获成就感和自豪感，增强责任意识和担当精神。

二、高职英语课程思政教育资源的特点

（一）实用性

高职英语课程思政教育资源的实用性要求资源内容紧密结合高职英语教学实际需求，体现职业教育特色。这就意味着在资源开发过程中，必须充分考虑高职院校英语教学的目标定位、课程设置、学情特点等因素，做到资源与教学实践的无缝对接。

高职英语课程的教学目标是培养学生英语基础知识和实际应用能力，为其未来职业发展奠定语言基础。因此，思政教育资源应聚焦英语学科知识体系和职场应用场景，选取具有职业教育特色的素材内容，如涉及职业道德、职业精神、职场文化等主题的英语文章、音视频等，引导学生在学习语言知识的同时，加深对职业价值观的理解和认同。

同时，高职院校学生的英语基础参差不齐，部分学生学习动机和自主性较为欠缺。这就要求思政教育资源在难度梯度和呈现方式上充分考虑学生的接受能力，做到由浅入深、循序渐进，采用生动活泼、互动性强的呈现方式，调动学生学习英语和接受思政教育的主动性和参与性。例如，可以开发微视频、情景剧、游戏化学习等形式新颖的数字化资源，激发学生的学习兴趣。

此外，实用性还体现在资源的组织方式和使用便捷度上。高职英语教学内容丰富，涵盖语音、词汇、语法、阅读、写作、口语等诸多方面。思政元素的有机融入要避免生硬附加和简单堆砌，应结合教学内容进行系统策划和巧妙设计。同时，资源平台应具备使用便捷、检索高效、共享互通等特点，最大限度地降低使用门槛，提高资源的实际应用效率。

（二）时效性

高职英语课程思政教育资源的时效性是保证其实用价值和育人功能的关键。在知识更新日新月异的时代，教育资源若不能与时俱进地紧跟时代发展步伐，就会失去其应有的生命力和感染力。因此，高职英语课程思政教育资源必须反映时代要求，吸纳社会发展的最新成果，方能焕发出勃勃生机。

从知识层面来看，高职英语课程思政教育资源应及时更新理论内容，将本学科前沿研究成果和创新观点纳入其中。这不仅有助于拓宽学生视野，了解学科发展动向，更能引导学生以批判性思维看待知识，培养其创新意识和探究精神。同时，教育资源还应紧密结合社会热点问题，引导学生关注现实，运用所学知识分析问题、解决问题。唯有立足时代，教育资源才能激发学生的学习兴趣，增强教学的针对性和实效性。

从能力培养角度而言，高职英语课程思政教育资源要顺应时代发展需求，重点培养学生的关键能力和核心素养。在信息技术迅猛发展的背景下，教育资源应充分利用现代信息技术手段，创设交互性、开放性的学习环境，培养学生的信息素养和自主学习能力。此外，面对日益复杂的社会环境，教育资源还应注重学生批判性思维、问题解决、沟通协作等能力训练，使其成为适应时代需求的高素质技术技能人才。

从价值引领维度看，高职英语课程思政教育资源必须与时代主题紧密结合，将社会主义核心价值观潜移默化地融入教学之中。当前，我国正处于全面建设社会主义现代化国家的关键阶段，对培养担当民族复兴大任的时代新人提出了更高要求。高职英语课程思政教育资源要充分发挥育人功能，引导学生坚定理想信念，涵养高尚品格，激发爱国情怀，自觉肩负起民族复兴的历史重任。唯有与时代同向同行，教育资源才能彰显独特的育人价值。

（三）多样性

高职英语课程思政教育资源的多样性彰显出丰富的内涵和广泛的外延。在素材类型上，它既包括传统的文本类资源，如教材、案例、文献等，也涵盖了新兴的多媒体资源，如影视作品、音频资料、网络平台等。这些资源形式各异、来源广泛，能够从不同角度展现思政教育内容，满足学生多元化的学习需求。同时，活动类资源（如学术讲座、主题讨论会、社会实践等）又为思政教育注入了鲜活的生命力，让学生在亲身参与中感悟思政内涵，提升思想境界。

多样性还体现在资源的选取维度上。一方面，思政资源应立足英语学科特点，充分挖掘英美文学作品、演讲文稿、报纸杂志等蕴含的思政元素，引导学生在语言学习中感悟中华优秀传统文化、革命文化和社会主义先进文化。另一方面，思政资源也应紧扣时代脉搏，聚焦热点难点问题，选取反映社会发展的前沿性、时代性题材，让学生在探讨中形成正确的世界观、人生观和价值观。

高职院校还应注重整合校内外资源，构建多元联动的大思政格局。校内可充分利用各类课程、校园文化活动、实践教学等载体，发掘思政教育的生长点；校外可积极对接行业企业、社会机构等，引入优质实践资源，拓展育人渠道。这种多维度、立体化的资源整合模式，能够形成思政教育的协同效应，为学生的全面发展奠定坚实的基础。

三、高职英语课程思政教育资源的开发策略

（一）精准定位策略

精准定位策略是高职英语课程思政教育资源开发的重要前提和基础。只有准确把握资源开发的目标定位，立足高职学生的实际需求，才能真正发挥教育资源的作用，实现课程思政建设的预期目标。

1. 明确服务对象和培养目标

高职院校的学生群体具有鲜明的特点，他们大多是来自基础教育阶段的学生，学习能力参差不齐，对于专业知识的接受和运用能力有待提高。同时，他们面临着就业压力，渴望掌握实用的语言技能，以适应未来职场的需要。因此，高职英语课程思政教育资源的开发，应当立足这一群体的认知特点和学习需求，

突出职业导向，强化实践应用，帮助学生在学好英语的同时，提升职业素养，奠定可持续发展的基础。

2. 充分考虑学生的职业发展方向和行业背景

不同专业的学生对于英语的实际应用有着不同侧重。例如，外贸专业学生需要掌握商务英语写作和谈判技巧，而旅游专业学生则需要加强口语表达和跨文化交际能力。因此，教育资源的开发应当因材施教，根据不同专业的特点和要求，有针对性地选择教学内容，设计教学活动，使思政元素与专业知识紧密结合，实现英语教学与职业需求的无缝对接。

3. 充分挖掘英语学科的育人功能

语言不仅是交流的工具，更是文化的载体。英语课程中蕴含着丰富的人文内涵和思想价值，这些都是开展思政教育的天然资源。教师应当在教学中有意识地引导学生关注语言背后的文化内涵，思考中西方价值观念的异同，培养文化自信和家国情怀。同时，教师还可以选取体现爱国主义、集体主义、社会主义核心价值观的英语素材，融入课堂教学，引导学生在学习语言知识过程中，潜移默化地接受思想熏陶，坚定理想信念。

4. 注重实践育人

语言的学习离不开实际运用，思政教育也需要在实践中得以升华。教师应当创设贴近学生生活和未来职业的实践情景，引导学生将所学英语知识运用到实际工作中，在解决问题过程中增强语言运用能力，提升职业技能。例如，教师可以设计模拟的商务洽谈、导游讲解等情景，让学生通过角色扮演，体验英语在职场中的实际应用；也可以组织学生开展英语演讲、辩论赛等活动，锻炼学生的逻辑思辨能力和应变能力。在实践中融入思政教育，能够帮助学生深切感悟社会主义核心价值观，自觉将个人发展与国家需要、民族复兴结合起来。

（二）差异化开发策略

差异化开发高职英语课程思政教育资源是提升思政教育时效性和针对性的关键举措。高职院校学生在英语基础、学习需求、专业背景等方面存在显著差异，采用"一刀切"的资源开发模式显然难以满足学生的个性化需求。因此，教育工作者应立足学情，遵循因材施教原则，针对不同层次、不同专业的学生量身定制思政教育资源，以期最大限度地激发学生的学习兴趣，提高思政教育的针对性和实效性。

1. 从学生英语基础入手

对于英语基础较好的学生，可以选取语言难度较高、内容更加专业的材料，如外文原版著作、学术论文等；而对于英语基础薄弱的学生，则应选取通俗易懂、贴近生活的材料，如英文报刊、影视作品等。同时，教师还应根据学生的兴趣爱好、认知特点等因素，有针对性地筛选思政元素，使资源内容更加契合学生需求，引发学生的情感共鸣。

2. 考虑学生的专业背景

不同专业学生对英语的应用需求存在差异，如商务英语专业学生更注重英语在商务活动中的应用，而机械专业学生则更关注英语在工程领域的应用。因此，在开发思政教育资源时，教师应充分挖掘各专业蕴含的思政元素，结合专业特点和行业需求设计教学内容，帮助学生构建起专业知识与思政理论的内在联系，提升学生的职业素养和家国情怀。

3. 资源呈现形式体现差异化

当前，单一的文本资源已经难以吸引学生的注意力。教师应积极运用信息技术手段，开发融合文字、图像、音视频等多种媒体形式的思政教育资源。对于学习风格偏好直观型、动手型的学生，可以开发沉浸式、体验式的数字游戏或虚拟仿真资源；而对于偏好反思型、理论型的学生，则可以开发系统化、条理化的知识脉络图或概念框架图。多样化的资源形式有助于适应学生的认知风格，激发学生的探究欲望，从而提升思政教育的吸引力和感染力。

第三节　高职英语教师德育能力的提升

一、德育理念的理解与认同

(一) 德育在英语教学中的重要性

德育是高校英语教学的重要组成部分，对于培养全面发展的高素质人才具有重要意义。在新时代背景下，高职英语教师应树立正确的德育观念，深刻认识德育在英语教学中的重要地位和作用，将德育贯穿英语教学的全过程。

从知识层面来看，英语课程蕴含着丰富的德育元素。英语教材中的文章往往涉及文化、历史、社会、生活等多个主题，体现了不同国家和民族的价值观念、道德规范和行为方式。教师可以充分挖掘教材中的德育资源，引导学生在学习语言知识的同时，了解中外文化差异，培养跨文化交际能力，拓宽国际视野。同时，教师还可以适时补充与德育相关的素材，如名人名言、励志故事等，帮助学生形成正确的世界观、人生观和价值观。

从能力层面来看，英语学科的教学过程为学生提供了多样化的德育实践机会。在听、说、读、写等语言技能训练中，教师可以设计与德育相关的情景，如角色扮演、小组讨论、演讲辩论等，鼓励学生用英语表达自己的观点和看法，在提高语言表达能力的同时，锻炼思辨能力和团队合作意识。在跨文化交际活动中，教师可以引导学生尊重文化差异，以平等、友善的态度对待不同国家和民族的人，培养其人文情怀和社会责任感。

从情感态度层面来看，英语教学对学生的德育发展具有潜移默化的影响。教师的言传身教直接影响着学生的价值取向和道德品质。因此，教师要以身作则，展现良好的职业道德和个人修养，为学生树立榜样。在日常教学中，教师要关注学生的情感需求，营造民主、平等、互助的课堂氛围，激发学生学习英语的兴趣，帮助其建立学习自信。同时，教师还要引导学生正确对待成败得失，培养吃苦耐劳、勇于探索的意志品质。

（二）教师对德育理念的认识与接受

教师对德育理念的认识和接受程度，直接影响着德育教学的自觉性和有效性。只有教师树立正确的德育观念，深刻认识德育的重要性，才能自觉地将德育融入教学实践，努力提升德育教学水平。

当前，高职英语教师普遍认识到德育的重要性，但在对德育内涵的理解上，还存在一定偏差。部分教师仍然把德育等同于思想品德教育，忽视了德育的全面性和根本性。事实上，德育不仅包括思想品德教育，还涵盖了法治教育、心理健康教育、劳动教育等多个方面。德育应该蕴含在教育教学的各个环节，成为教学活动的有机组成部分。只有全面理解德育内涵，教师才能准确把握德育与专业教学的关系，自觉践行立德树人根本任务。

教师对德育理念的接受程度也存在个体差异。一些教师虽然认同德育的重要性，但在实际教学中却难以做到德育与专业教学有机结合。他们往往把德育看作额外的任务，认为开展德育活动会占用专业教学时间，影响教学进度。这种认识显然是片面的。事实上，德育与专业教学并非对立关系，而是相辅相成、互为促进的。在专业知识传授过程中融入德育元素，不仅能够提高学生的学习兴趣，还能促进其全面发展。反之，德育教学也需要与专业教学相结合，用专业案例和实践活动来引导学生形成正确的世界观、人生观和价值观。可见，德育与专业教学是一个有机整体，二者缺一不可。

提升教师德育教学的自觉性，需要加强教师德育理念的培训和践行，帮助其全面理解德育内涵，树立正确的德育观念。学校应该定期开展德育专题培训，邀请德育专家为教师讲解德育的重要意义、基本原则和实施策略。通过理论学习，使教师系统地掌握德育知识，提高对德育工作的认识。与此同时，学校还应搭建教师德育实践平台，组织教师开展德育教学研讨、德育案例分享等活动。在实践交流中，让教师能够相互启发，共同探讨德育教学的有效途径，形成科学的德育理念。

此外，完善教师评价和激励机制也是提高教师德育自觉性的重要举措。传统的教师评价往往侧重于专业教学能力和科研成果，而忽视了德育工作绩效。这种评价导向难以调动教师开展德育的积极性。因此，学校应该建立健全教师评价体系，将德育工作纳入考核范围，提高德育工作在教师考评中的比重。对于德育工作表现突出的教师，学校应给予物质奖励和精神表彰，以激发广大教师投身德育的热情。

（三）整合德育与专业教学

整合德育与专业教学，打造和谐的教学环境，是高职英语教师提升德育能力的重要路径。在高职英语教学中，教师不仅要传授语言知识和技能，更要注重学生品德修养和价值观念的培养。这就要求教师在教学过程中，巧妙地将德育元素融入专业知识的讲授之中，实现德育与专业教学的有机统一。

首先，教师应深入挖掘英语课程中蕴含的德育资源。英语作为一门语言学科，其教学内容涵盖了丰富多彩的人文知识，如文学作品、历史事件、社会风俗等。这些内容本身蕴含着深刻的道德教育意义。教师可以通过分析人物形象、解读作品主题、讲述历史故事等方式，引导学生领悟其中的道德内涵，树立正确的价值观念。例如，在讲授莎士比亚戏剧时，教师可以着重分析剧中人物的道德困境和价值抉择，引发学生对生命意义、人生责任等问题的思考，从而达到德育的目的。

其次，教师应加强师生互动，在潜移默化中实现德育浸润。教师的一言一行都会对学生产生重要影响。因此，教师要以身作则，率先垂范，用自己的模范行为感化学生。同时，教师还要关心学生的生活，与学生建立良好的师生关系，在平等、友爱的氛围中开展德育教学。例如，教师可以利用课余时间与学生交流，倾听他们的想法，分享自己的人生感悟，给予学生温暖的关怀和正确的引导。久而久之，学生就会形成良好的道德品质和价值取向。

最后，学校应完善德育教学的制度保障，为教师德育育人提供良好的环境。一方面，学校要将德育教学纳入教学评价体系，将教师的德育工作业绩作为考核的重要内容，调动教师开展德育工作的积极性。另一方面，学校要加强德育教学研究，开发优质的德育教学资源，为教师的教学实践提供理论指导和实践支持。同时，还要营造良好的校园文化氛围，开展丰富多彩的德育实践活动，为学生的全面发展创造条件。

二、德育教学方法的创新与应用

（一）创设情景教学法

创设情景教学法是提升高职英语课程德育实效性的重要途径。在教学过程中，高职英语教师应充分利用英语学科的人文内涵，精心设计富有情感、意义和挑战性的教学情景，引导学生在真实或模拟的语境中体验文化差异、思考人生价值、培养道德情操。例如，在学习有关环保主题时，教师可以创设"环境保护大使"的角色扮演情景，让学生分组讨论如何用英语向国外友人宣传环保理念、倡导绿色生活方式。在这一过程中，学生不仅能够运用所学语言知识进行跨文化交流，更能深刻认识人与自然和谐共生的重要性，树立可持续发展的价值观。

情景教学能激发学生的学习兴趣，调动其情感因素，促进知识内化为品格、外化为行动。德育不是简单的说教，而应该融入教学的方方面面。教师应善于捕捉教材中蕴含的德育元素，通过创设鲜活、生动的情景，使学生在探究知识、解决问题过程中完成对价值理念的主动建构。例如，在学习有关职业选择主题时，教师可以设计"模拟招聘会"的教学情景，让学生扮演求职者和招聘者的角色，围绕理想职业、个人优势等话题展开对话。在这一情景中，学生能够深入思考职业理想与个人能力的关系，形成正确的职业价值观，为未来走向职场做好准备。

（二）讨论与合作学习

在高职英语教学中，讨论与合作学习是培养学生社会责任感和团队协作精神的重要途径。通过小组讨论、案例分析、情景模拟等形式，学生可以在互动交流中加深对语言知识的理解，提升语言运用能力。更重要的是，在合作学习过程中，学生能够体验团队协作的价值，学会尊重他人、包容差异、平等对话，增强社会责任意识。

教师可以根据教学内容设计富有挑战性的讨论题目，激发学生的思辨欲望。例如，在学习环保主题时，教师可以引导学生讨论"个人在应对气候变化中能够发挥什么作用"。在讨论中，学生需要运用所学语言知识阐述自己的观点，倾听他人的看法，寻求共识。这不仅能锻炼学生的语言表达能力，也能提升其批判性思维和沟通协调能力。

在合作学习中，教师还可以融入职业素养教育元素。例如，在开展商务英语情景模拟时，教师可以为学生分配不同的角色，如销售代表、客户经理等。学生需要在模拟情景中运用专业术语开展对话，展现职业礼仪，体验职场文化。这种沉浸式的学习不仅能提高学生的语言水平，更能培养其职业意识和团队协作精神，为未来的职场发展奠定基础。

此外，讨论与合作学习还能促进学生跨文化交际能力的提升。在全球化时代，英语已成为各国人民交流的重要工具。通过讨论不同国家的文化风俗、价值观念，学生能够开阔视野，增强文化敏感性，学会在多元文化背景中进行有效沟通。这种跨文化理解和包容的品格，正是社会责任感的重要体现。

（三）利用多媒体教学资源

当今，信息技术的飞速发展和多媒体教学资源的日益丰富为高职英语德育教学提供了广阔的平台。合理利用多媒体教学资源，不仅能够提高德育教学的吸引力和感染力，更能够拓展德育内容，创新德育形式，增强德育效果。

视频、音频等多媒体资源具有直观、生动的特点，能够将抽象的道德概念、价值观念转化为具体、形象的情景，引发学生的情感共鸣和价值认同。例如，在讲授诚信品质时，教师可以播放真实案例的视频资料，展现诚实守信行为的过程和结果，让学生直观感受诚信的意义和价值。在培养爱国情怀时，教师可以借助震撼人心的历史影像，激发学生的民族自豪感和责任担当。这些生动、具体的情景能够深深吸引学生，触动其情感，引导其形成正确的价值取向。

多媒体教学资源还能够拓展德育内容的广度和深度。互联网技术的发展，使教师可以不受时空限制，获取丰富多元的德育素材。通过搜集、整理、应用这些资源，教师能够突破教材的局限，涵盖更广泛的德育主题，如环保意识、法治精神、人际沟通等。同时，网络平台还能够帮助教师深入挖掘德育内容的内涵和外延。例如，在讲授"劳动光荣"的传统美德时，教师可以利用网络资源，引入不同历史时期、不同国家和地区的劳动者事迹，引导学生比较分析，深刻领会劳动创造价值、推动社会进步的道理。多媒体资源的广度和深度，能够帮助学生全面认识、深入思考道德问题，树立正确的世界观、人生观和价值观。

多媒体教学资源还为创新德育形式、增强德育效果提供了技术支持。例如，教师可以利用网络平台，开展在线德育主题讨论，引导学生交流观点、分享见解，在互动中加深对道德问题的理解和思考。又如，教师可以指导学生利用多媒体工具，开展德育实践活动，如制作公益广告、录制德育微视频等，在实践中内化德育内容，提升道德修养。再如，教师还可以借助虚拟现实等技术，创设沉浸式的德育情景，让学生在身临其境的体验中感悟道德真谛、坚定价值信念。这些创新的德育形式，能够充分调动学生的参与热情，提高德育教学的针对性和实效性。

三、教师德育素养的培养与提升

（一）自我反思与成长

高职英语教师的德育能力是提升教学质量、实现立德树人根本任务的关键。在新时代背景下，高职英语教师应不断加强自我反思，提升个人德育素养，创新德育教学方法，为学生的全面发展奠定坚实的基础。

自我反思是高职英语教师提升德育能力的重要途径。教师要深入分析自身在德育教学中的优势与不足，客观评估德育理念、知识、方法等现状，明确提升的方向和路径。通过撰写教学反思日志、参与德育教学研讨等方式，教师可以系统地梳理教学经验，吸取他人的优秀做法，不断完善自我。同时，教师还要主动学习德育专业知识，了解学生身心发展特点，掌握德育教学的规律和方法。只有真正学懂弄通，才能在教学实践中做到胸有成竹、释疑解惑。

教师要以身作则，率先垂范，用高尚的道德情操和人格魅力感染学生。英语学科蕴含着丰富的人文内涵，教师应充分挖掘教材中的德育元素，将社会主义核心价值观潜移默化地融入教学之中。在课堂教学中，教师要言传身教，恪守职业道德，展现良好的教风学风。同时，教师还要关注学生的思想动态，及时解决学生成长中的困惑，做学生的人生导师和知心朋友。在潜移默化中，学生能够感受到教师的人格力量，从而心悦诚服地接受德育教化。

高职英语教师还应重视德育实践经验的积累与升华。教师要勇于尝试、敢于创新，在德育教学实践中大胆探索、小心求证，形成自己的德育教学风格和特色。同时，教师还要注重总结提炼，将成功的德育教学经验上升为理性认识，并与同行分享交流。学校也应搭建教师成长的平台，定期开展德育教学观摩、研讨等活动，促进德育教学经验的传播和推广。

（二）继续教育与培训

在高职英语教学中，教师自身的德育素养和育人能力对于实现课程思政目标至关重要。为了更好地发挥英语课程的育人功能，教师必须主动接受继续教育，系统学习德育知识和教育策略。这既是教师个人专业发展的需要，也是适应新时代教育改革要求的必然选择。

通过参加各类培训和进修，教师可以全面了解德育教育的最新理念和实践经验。在学习过程中，教师不仅能够掌握系统的德育知识体系，如德育原则、内容、方法等，更能领会德育工作的精髓所在，即立德树人、以文化人。只有深刻理解了德育的内涵和意义，教师才能在教学中自觉融入德育元素，将社会主义核心价值观贯穿英语课程教学的全过程。

系统学习教育策略，有助于提升教师的课堂组织和教学设计能力。英语教学应采用学生主动参与、乐于接受的方式开展德育，这就要求教师精心设计教学环节，灵活选择教学方法，将德育内容巧妙地融入听、说、读、写等语言技能训练中。例如，教师可以选取蕴含中华优秀传统文化内涵的英文材料，在阅读教学中引导学生领悟中华民族的传统美德；又如，教师可以创设与学生专业相关的情景，引导学生用英语表达个人观点，提高思辨能力和职业素养。这些行之有效的教学策略，都需要教师通过系统的学习和实践来掌握和运用。

继续教育不仅能为教师提供学习德育知识和教育策略的机会，更是教师交流分享的平台。通过参加各类教研活动、教学竞赛,教师能够与同行切磋教学技艺,相互启发,共同提高。尤其是聆听德育工作经验丰富的优秀教师讲座,直接观摩他们的课堂教学,可以帮助年轻教师快速成长,找到最适合自己的德育教学风格和方法。而教学心得的交流和分享,也能引发教师对德育工作的新思考、新探索,形成教学相长、携手并进的良好局面。

高职院校还应积极为教师搭建产学研用平台,鼓励教师走进企业一线,了解行业发展动态和用人需求,这对于增强英语课程德育的针对性和实效性具有重要意义。通过深入产业一线,教师可以更准确地把握学生未来职业岗位所需的道德品质和职业素养,从而有的放矢地开展德育教学。例如,教师可以将企业文化、职业精神等融入英语教学内容,引导学生在语言学习中感悟职业道德内涵,提升职业认同感。同时,产学研用平台的搭建也有利于教师开阔学术视野,了解德育领域的前沿动态,这对于促进教师教育教学观念的更新,推动德育工作创新发展具有积极意义。

(三)校园文化和氛围建设

校园文化和氛围建设是高职英语课程思政实施的重要环境保障。良好的校园文化能够潜移默化地影响学生的世界观、人生观和价值观,为学生的全面发展提供丰沃的土壤。在高职英语教学中,教师应充分利用和创设有利于德育的校园文化氛围,使课程思政与环境育人相得益彰,共同服务于立德树人的根本任务。

1. 加强校园文化建设的顶层设计

学校应将社会主义核心价值观融入校园文化建设的各个方面,制定科学、系统的校园文化建设规划,为课程思政实施提供制度保障和精神指引。同时,学校还应重视校园环境的育人功能,充分利用橱窗、广播、标语等载体,营造积极向上、蕴含德育元素的校园氛围。例如,学校可以在醒目位置张贴体现爱国主义、集体主义精神的标语口号,或者播放弘扬中华优秀传统文化的公益广告,使学生在潜移默化中受到熏陶和感染。

2. 创设有利于德育的课堂文化

课堂是德育的主阵地,教师的一言一行都对学生有重要的影响。因此,教师应以身作则,言传身教,自觉将社会主义核心价值观渗透到教学全过程。例如，教师可以在课堂上组织学生学唱英文版的爱国主义歌曲，引导学生体会歌词蕴含的家国情怀；又如，教师可以结合教学内容设计富有德育意义的情景对话，引导学生在语言实践中内化价值理念。总之，教师应努力把每一堂课都上成德育课，让每一次师生互动都成为德育的生动教材。

3. 大力开展第二课堂活动，拓展德育时空

第二课堂是对第一课堂的延伸和补充，在学生德育方面具有不可替代的作用。学校可以定期举办英语演讲比赛、英文歌曲大赛、英语戏剧表演等活动，为学生搭建展示自我、锻炼能力的平台。在活动中，教师应巧妙地融入德育元素，引导学生在参与体验中感悟人生道理、培养高尚情操。例如，在英语演讲比赛中，教师可以将"担当""奉献"等体现社会主义核心价值观的主题作为演讲题目，鼓励学生畅所欲言、抒发己见。通过参加此类活动，学生不仅能提高英语水平，更能在潜移默化中加深对社会主义核心价值观的认同。

4. 注重挖掘校园环境中蕴含的德育资源

每所学校都有自己独特的历史积淀和文化底蕴，这些都是德育的宝贵财富。学校可以充分利用校史馆、名人雕塑等载体，讲好学校的红色故事，发掘校园文化中的德育元素。例如，学校可以组织英语专业学生用英文讲解校史馆的主要展品，既锻炼学生的英语口语表达能力，也让学生更深刻地了解学校的光荣历史和优良传统。通过挖掘这些德育资源，学校能够为学生营造更加浓厚的德育氛围，促进其全面发展。

四、教师德育实践经验的交流与分享

（一）教学案例分析

教学案例分析是高职英语教师提升德育能力的重要途径。通过对成功教学案例的剖析和反思，教师能够更加深入地理解德育与英语教学相融合的规律，进而改进自身的教学实践。

1. 聚焦德育目标的设计与落实

一个优秀的英语教学案例必然体现出明确的德育导向，无论是在教学内容

的选择、教学活动的组织还是在学习评价的实施中，都应贯穿立德树人的理念。教师要深入剖析案例的德育目标，探讨其与英语学科核心素养的契合点，思考如何将抽象的德育要求转化为具体的教学行为。

2. 关注案例中德育与英语教学的有机融合

单纯地将德育内容附加于英语课堂是不可取的，真正有效的德育必须与英语学科的特点相适应，与语言学习的规律相吻合。教师要仔细分析案例的教学设计，探究其在语言输入、输出等环节中融入德育的策略和方法，思考如何在语言实践活动中引导学生内化德育内容，提升综合语言运用能力。

3. 注重案例的创新性和启发性

随着时代的发展和学生需求的变化，德育内容和形式也应与时俱进。优秀的教学案例往往体现出教师的创新意识和探索精神，为英语德育教学提供新的思路和启示。教师要敏锐地捕捉案例的创新亮点，深入剖析其教学理念和实施策略，激发自身的教学灵感，不断更新完善德育教学的内容和方式。

4. 重视案例反思与经验提炼

案例分析不应止步于表层的模仿和套用，更重要的是透过案例看到背后的教育教学规律。教师要对案例的实施效果进行客观评估，总结经验教训，探究提升德育实效性的策略和方法。同时，教师还要将个案分析上升到理论高度，提炼出可供借鉴和推广的教学经验，为英语德育教学实践提供理论指导。

5. 注重分析反思的系统性和连续性

孤立的案例分析难以形成完整的认知，教师要将案例分析纳入日常教学研究和专业发展的全过程，形成常态化、制度化的案例研究机制。通过持续不断的分析和反思，教师能够深化对英语德育规律的认识，逐步构建起系统完善的教学理念和策略体系，从而全面提升德育能力。

（二）同行互动与合作

同行互动与合作对于高职英语教师德育能力的提升具有重要意义。在教学实践中，教师需要不断学习、反思和提升自身的德育素养，而同行之间的交流与分享则提供了宝贵的学习机会。通过搭建教师间德育经验交流的平台，教师之间能够相互启发，取长补短，汲取他人的优秀经验，改进自己的不足之处。

1. 拓宽教师的德育视野

每名教师都有自己独特的教学风格和德育理念，而这种多元性恰恰是教师专业发展的重要资源。通过与同行交流，教师能够了解不同的德育教学方法，认识到德育工作的多样性和灵活性。同时，互动过程中教师也能反思自身的德育实践，审视其中存在的问题，从而不断地改进和创新。

2. 促进教师德育实践经验的积累

德育工作是一项综合性、系统性的工程，需要教师在长期实践中摸索总结。通过协作备课、联合教研等形式，教师能够集思广益，分享彼此的德育案例和心得体会，共同探讨德育教学的规律和策略。这种知识和经验的积累，能够帮助教师更好地应对德育工作中的各种挑战，提升育人实效。

3. 有利于营造良好的德育教学氛围

当教师间形成了积极互助、彼此信任的合作关系时，整个教学团队的凝聚力和向心力都会得到增强。教师会以更加开放、包容的心态对待德育工作，乐于分享自己的想法和困惑，共同探索德育的深层内涵。这种积极向上的氛围，对于激发教师的德育热情、提升德育教学质量大有裨益。

（三）教育研讨与学术分享会

教育研讨与学术分享会是推广先进德育教学理念和实践的重要平台。在这个过程中，教师可以深入剖析德育教学的成功案例，总结宝贵的经验，反思存在的不足。通过案例分析，教师能够更加透彻地理解德育理念在实际教学中的应用，掌握有效的德育教学策略，从而不断地提升自身的德育实践能力。同时，案例分析也为教师提供了反思和改进的契机，帮助其及时发现并解决德育教学中遇到的困难和问题。

教师之间的互动与合作交流是提升德育教学水平的关键所在。在教育研讨与学术分享会上，来自不同学校、不同专业的教师齐聚一堂，围绕德育教学这一主题展开深入探讨。大家可以分享各自的教学心得体会，交流德育教学中的困惑与疑问，共同探索解决问题的新思路、新方法。这种交流不仅能够拓宽教师的视野，激发教学灵感，更能够促进教师之间的相互学习和彼此借鉴。通过互动与合作，教师能够吸收他人的优秀经验，完善自身的教学策略，形成一种开放、包容、协作的德育教学文化。

教育研讨与学术分享会还为推广先进的德育教学理念和实践提供了广阔的平台。一方面，在会议上，德育教学的专家学者可以系统地阐述德育理念的内涵、意义和实践路径，帮助教师全面、深入地理解德育教学的核心要义。另一方面，优秀的德育教学实践案例也能在会议上得到广泛传播。这些案例不仅能为其他教师提供宝贵的借鉴和启示，更能引领和推动德育教学实践的创新与发展。通过理念引领和实践示范，教育研讨与学术分享会能够有效地推动先进德育教学理念在更大范围的传播和应用，促进德育教学质量整体提升。

第五章　高职英语课程思政的实践应用

第一节　高职英语课堂教学中的思政元素

一、思政元素在高职英语教学活动中的应用

（一）活动设计中的思政元素

创新的教学活动设计是高职英语课程思政建设的关键环节。在教学活动中巧妙地融入思政元素，不仅能够增强课堂的吸引力和感染力，激发学生的学习兴趣，更能引导学生形成正确的世界观、人生观和价值观，实现知识传授与价值引领的有机统一。

教师应立足英语学科特点和学生实际需求，精心设计寓教于乐、寓德于趣的教学活动。例如，可以通过角色扮演、情景模拟等体验式活动，让学生在真实语境中运用英语知识，培养其跨文化交际能力。在活动过程中，教师可适时引入中华优秀传统文化、社会主义核心价值观等思政元素，引导学生体悟文化自信，树立文化自觉。又如，教师可组织学生开展英语演讲、辩论等实践活动，围绕社会热点话题、时事政治等内容展开讨论，鼓励学生用英语表达自己的观点和看法。在碰撞交流中，学生不仅能提升英语表达能力，更能深化对社会问题的认识，增强社会责任感和使命担当。

创新教学活动的关键在于巧妙设计和有机融合。一方面，教师要创设富有吸引力、感染力的教学情景，调动学生的积极性和主动性；另一方面，思政元素的融入要自然、巧妙，避免生硬说教。教师可从学生的兴趣爱好、学习需求等入手，因材施教、因地制宜地开展丰富多彩的教学活动。同时，在活动设计中，教师还应充分发挥学生的主体作用，让学生成为活动的参与者、实践者，在自主探究、合作交流中内化思政内容，提升综合素质。

（二）思政元素应用成效分析

高职英语教学活动中思政元素的有效融入，需要建立完善的效果评估与反

馈机制。教学活动作为课程思政建设的重要载体，其成效直接影响着学生思想政治素质的提升。然而，当前高职英语教学中对活动效果的评估往往流于表面，缺乏科学、系统的分析方法，难以真正发挥实践育人的功能。为了破解这一难题，教师应树立全面评价观，采取多元化的评估手段，动态监测教学活动中思政元素的应用效果。

1. 明确评价指标和标准

教师应根据教学活动的主题内容，提炼出体现社会主义核心价值观、职业素养、人文情怀等方面的关键指标，并细化为具体、可测的行为表现。例如，在以"诚信"为主题的英语情景剧活动中，教师可将"理解诚信内涵""运用英语表达诚信理念""在生活中践行诚信"等方面的学生表现作为评价要点。有了明晰的指标体系，教师才能更加精准地捕捉思政元素在教学活动中的呈现效果。

2. 全面诊断思政教学效果

教师应采取形成性评价与总结性评价相结合的方式，全面诊断思政教学效果。形成性评价贯穿教学活动的全过程，侧重学生在参与过程中的态度、能力表现。教师可通过观察记录、提问讨论、学生自评互评等形式，动态收集学生对思政内容的理解、内化程度。总结性评价在教学活动结束后进行，重点考查学生对思政内容的掌握、提升情况。教师可采用测验、报告、访谈等手段，系统评估教学活动对学生思想政治素质的影响。两类评价方式相辅相成，可以帮助教师更全面地把握思政元素的作用效果。

3. 反馈与应用评估结果

评估结果的反馈与应用是保障教学改进、提升育人实效的关键一环。教师应深入分析评估数据，总结教学活动中行之有效的思政融入策略，发现存在的问题与不足。针对薄弱环节，教师应及时调整教学设计，优化思政元素的呈现方式和渗透路径。同时，评估反馈还应面向学生，帮助其查缺补漏，引导其在意识、情感、行为等方面取得进步。只有形成"评估－反馈－改进"的闭环机制，教学活动中的思政教育才能真正落到实处，并转化为学生内在的精神力量。

二、高职英语课堂互动中的思政教育策略

（一）互动教学中的思政元素策略设计

互动式教学中的思政教育，需要教师精心设计教学策略，巧妙地融入思政内容，培养学生积极向上的思想意识和语言表达能力。在互动环节，教师可以通过设置富有思政内涵的问题情景，引导学生围绕相关话题展开讨论和辩论。例如，在学习环保主题时，教师可以提出"如何用英语向外国友人介绍中国的生态文明建设成就"问题，组织学生进行小组讨论。在讨论过程中，学生不仅能够运用所学语言知识进行表达和交流，更能深入思考生态文明建设的重要意义，增强爱国主义情怀和社会责任感。

为了调动学生参与互动的积极性，教师还可以创设体现思政元素的角色扮演情景。例如，在学习中外文化差异主题时，教师可以设计"中国留学生向外国同学介绍中华优秀传统文化"的角色扮演任务。通过扮演不同角色，学生能够站在多元文化视角，体验中华文化的独特魅力，增强文化自信和民族自豪感。同时，在角色互动中，学生的跨文化交际能力和词汇表达能力也能得到锻炼和提升。

此外，教师还应注重在互动反馈中渗透思政元素。在评价学生互动表现时，教师不仅要关注其语言运用的准确性和流畅性，更要重视其思想内容的深度和价值取向。对于体现社会主义核心价值观、弘扬中华优秀传统文化的言语表达，教师要给予积极肯定和赞扬；对于出现价值观偏差、背离主流意识的言论，教师要耐心引导，帮助学生及时校正认知偏差。通过积极的评价反馈，学生能够更加深刻地领会思政内容的意义，并将其内化为自觉的思想和行为。

（二）学生在思政元素互动中的参与度分析

在高职英语教学中，提升学生在思政元素中的主体性是一个值得深入探讨的话题。教学互动作为课堂教学的重要组成部分，在引导学生积极参与、主动思考、深度学习方面发挥着关键作用，而学生在教学互动中的响应力和参与度，更是评估教学效果、优化教学设计的重要依据。

要提升学生在思政元素中的主体性，首先需要创设良好的教学情景，激发学生的学习兴趣和参与热情。教师可以根据教学内容，精心设计与思政元素相

关的问题情景，引导学生运用所学知识分析问题、解决问题。例如，在学习环保主题时，教师可以设置一个模拟的国际环保会议情景，让学生扮演不同国家的代表，就环境问题发表自己的观点，提出解决方案。这种情景化、角色化的教学互动，不仅能够调动学生的主动性，还能培养其批判性思维和跨文化交际能力。

其次，教师应采用多元化的互动方式，为学生提供表达观点、展示才能的平台。传统的教学互动多以教师提问、学生回答为主，学生的参与途径较为单一。为了突破这一局限，教师可以尝试小组讨论、辩论、演讲等形式，鼓励学生畅所欲言、积极发言。例如，在学习社会责任主题时，教师可以组织一场"企业应当承担更多社会责任"辩论赛，让学生分组准备论据，在赛场上唇枪舌剑、慷慨陈词。这种互动方式不仅能够活跃课堂气氛，更能锻炼学生的逻辑思辨能力和语言表达能力。

最后，教师还应注重学生互动反馈的收集与分析，及时调整教学策略。通过观察学生在教学互动中的表现，教师可以了解其学习兴趣、认知水平、价值取向等，从而有针对性地优化教学设计。例如，教师可以在课后设置开放性问题，引导学生反思所学内容，分享学习感悟。教师也可以通过问卷调查、访谈等方式，深入了解学生对教学互动的评价与建议，据此改进教学方法，提升教学质量。

三、高职英语教学评价中的思政导向

（一）评价体系中的思政导向构建

在高职英语教学评价中融入思政导向，需要从评价目标、评价内容、评价主体、评价方式等多个维度进行系统设计和创新实践。评价体系的构建应以立德树人为根本，以学生全面发展为中心，既关注学生英语学科核心素养的形成，又注重思想品德、家国情怀等非智力因素的培养。

评价目标的设定要充分体现思政教育的要求。教师应根据英语教学大纲和思政元素融合点，明确评价学生的语言知识和应用能力，更要引导学生形成正确的世界观、人生观和价值观。例如，在设计口语测试任务时，教师可以选取体现社会主义核心价值观的主题，引导学生用英语表达对热爱祖国、诚实守信、友善助人等品质的理解和认同。这不仅能够检验学生的口语表达能力，更能够促进其思想觉悟的提升。

评价内容的选择要全面涵盖语言能力和思政素养。传统的英语教学评价往往偏重词汇、语法、阅读等语言知识的考查，而忽视了学生批判性思维、跨文化交际、合作精神等关键能力的培养。在思政导向下，评价内容应打破知识本位的桎梏，将听、说、读、写等语言技能与思辨能力、文化意识、人文情怀等思政要素有机结合。例如，在阅读理解测试中，教师可以选取反映中华优秀传统文化、革命文化和社会主义先进文化的英文材料，设计开放性问题，引导学生在理解文章内容的基础上，思考文化传承、民族复兴等深层次问题。

评价主体的构成要充分调动师生的积极性。教师评价固然重要，但更应重视发挥学生的主体作用，鼓励其开展自评和互评。一方面，教师要提高评价的针对性和实效性，根据学生的个性特点和发展需求，给予恰如其分的引导和帮助；另一方面，教师要营造民主、平等的课堂氛围，建立师生之间的信任与合作，引导学生主动参与到评价过程中。例如，教师可以设计学生自评表和互评表，列举与思政相关的评价维度，如爱国情怀、职业精神、团队意识等，鼓励学生对照标准进行评价，找出差距，明确努力方向。

评价方式的选择要灵活多样，注重过程性和发展性。思政教育不是一蹴而就的，需要在日常教学中潜移默化、持之以恒地进行。因此，评价方式应突破一次性、终结性的局限，建立多元动态的评价机制。教师可以通过课堂观察、学习档案、问卷访谈等多种方式，动态记录学生的思想状况和行为表现，全面评估其思政素养的发展变化。同时，评价还应体现开放性和启发性，不仅要看学生当前的表现，更要挖掘其发展的潜力。例如，面对思想认识有偏差的学生，教师要以发展的眼光看问题，通过耐心引导和积极鼓励，帮助其逐步形成正确的价值取向。

（二）评价结果反馈与教学改进

教学评价结果的有效反馈是教学改进的关键环节。通过科学、系统地收集和分析评价数据，教师能够全面地了解教学效果，准确把握学生学习状况，从而有针对性地调整教学策略，优化教学设计。这一过程不仅有助于提升教学质量，更能够促进教师专业成长，推动教学实践不断进步。

教学评价反馈首先为教师诊断教学问题提供了重要依据。通过学生评教、同行评估、督导评价等多元评价结果，教师能够比较客观地认识自身教学中存在的不足，如教学内容的针对性不强、教学方法的有效性不高、师生互动的频率不足等。这些问题一旦被发现和确认，就为后续的教学改进指明了方向。教师可以据此重新审视教学目标、教学内容和教学策略，并进行相应的调整和优化。

其次，教学评价反馈有助于教师深入研究学情，因材施教。通过评价过程收集到的学生学习状况（如学习兴趣、学习态度、知识掌握程度、能力发展水平等）数据，教师能够更加全面、具体地了解每名学生的特点和需求。在此基础上，教师可以根据学生的个体差异，设计出更加个性化、更具针对性的教学方案，从而提高教学的有效性。例如，对于学习有困难的学生，教师可以给予更多的学习指导和帮助；对于学有余力的学生，教师可以提供更具挑战性的学习任务，充分发掘其潜力。

再次，教学评价反馈为教师专业发展提供了重要契机。通过评价结果，教师能够客观地审视自己的教学理念、教学方法和教学风格，并对照教育教学理论和前沿动态，主动反思和改进。这一过程不仅能够提升教师的教学技能，更能够促进其教育智慧和教学艺术的提升。长此以往，教师就能形成开放、进取的专业成长意识，不断探索教育教学规律，创新教学模式，从而实现自我突破和专业进阶。

最后，将教学评价反馈循环应用于教学改进，能形成良性的闭环机制。通过评价发现问题、分析原因、研究对策、落实改进、再次评价，如此循环往复，经过多次实践，教师的教学能力能不断进步，教学质量能稳步提升。这种基于评价反馈的持续改进机制，不仅符合教与学的内在规律，更契合了教育质量持续改进的时代要求。

第二节　高职英语课外活动中的思政教育实践

一、高职英语课外活动中的思政元素融入

（一）活动主题的思政导向

高职英语课外活动中的思政元素融入，需要在活动主题设计上体现思政导向，构建与思政教育目标相符的课外活动。这就要求教师在设计英语课外活动时，充分考虑活动主题的选择，使其既能突出英语学科特色，又能体现思政教育内涵。

　　教师可以围绕社会主义核心价值观、中华优秀传统文化、革命文化和社会主义先进文化等主题，精心设计英语课外活动。例如，以"My Chinese Dream"为主题的英语演讲比赛，引导学生用英语讲述自己的中国梦，展现当代大学生的家国情怀和使命担当；以"Traditional Chinese Festivals"为主题的英语文化节，通过介绍中国传统节日的起源、习俗等，弘扬中华优秀传统文化；以"Red Culture in China"为主题的英语朗诵比赛，选取革命先烈的英文家书、演讲稿等作品，引导学生感悟革命先辈的崇高精神。这些活动主题的设计，都紧密结合了思政元素，有助于在潜移默化中对学生进行思想政治教育。

　　除了主题选择，教师还应注重在活动形式和内容安排上体现思政导向。在形式上，可以充分利用情景教学、体验式教学等方式，让学生在身临其境的体验中感悟思政内涵。如组织学生开展"模拟联合国"活动，通过角色扮演、小组讨论等，引导学生关注全球性问题，培养国际视野和人类命运共同体意识。在内容安排上，要注重将思政元素与英语知识技能训练有机结合。如在英语辩论赛中，可以设置与社会热点、道德伦理相关的辩题，引导学生用英语表达对问题的思考，培养批判性思维和价值判断力。

（二）活动内容的德育内涵

　　活动内容的德育内涵是高职英语课外活动思政教育实践的关键所在。在设计英语学习活动时，教师应着眼于道德教育和文化教育，将其与语言知识、交际技能的训练有机结合，实现知识传授与价值引领的双重目标。通过精心设计的课外活动，学生不仅能够提高英语语言应用能力，更能在潜移默化中接受道德熏陶，提升文化素养。

　　在英语角、英语演讲比赛、英语歌曲大赛等语言实践活动中，教师可以有针对性地选取蕴含道德教育内容的素材，引导学生在语言学习过程中感悟人生哲理，领会道德规范。例如，在组织学生开展英语演讲比赛时，教师可以将诚信、友善、责任等道德主题作为演讲内容，鼓励学生用英语阐述自己对这些美德的理解和感悟。在准备演讲稿过程中，学生不仅能够锻炼英语写作能力，更能加深对相关道德准则的认识和内化。而在倾听他人演讲时，学生也能从不同视角领会道德内涵，实现价值观的碰撞与融合。

　　英语电影赏析、英语原版图书阅读等文化类活动，也是将德育内容融入英语学习的重要载体。优秀的英语电影和文学作品往往蕴含丰富的人文内涵和道德价值，通过欣赏这些作品，学生能够在感受异国文化魅力的同时，领悟人性的光辉，思考人生的意义。教师可以精选一些含有励志、亲情、友爱等主题的英语电影，组织学生观看和讨论。在引导学生赏析电影情节、人物形象、语言特色的过程中，教师可以带领学生挖掘其中蕴含的道德寓意，引发学生对人生价值的思考。同时，教师还可以鼓励学生尝试用英语撰写观后感，表达自己的认识和感悟，以进一步地加深对相关道德内涵的领会。

志愿服务、社会实践等体验式活动也能为学生提供在真实情景中感悟道德、传递文明的机会。教师可以引导学生参与国际志愿者项目、跨文化交流活动等。在与来自不同国家和文化背景的人交流互动的过程中，学生能够切身体会文明礼仪的重要性，领会人性关怀的可贵。同时，在付出自己的劳动和汗水，为他人送去温暖和帮助的过程中，学生能够获得道德实践的直接体验，增强社会责任感和奉献精神。这些宝贵的体验将转化为学生内心深处的道德认同和价值追求，引领其成长为有理想、有担当的时代新人。

二、高职英语社团活动中的思政教育

(一) 社团组织的思想引领

高职英语社团活动对培养学生的集体精神和社会责任感具有重要意义。社团作为学生自主管理、自主学习的平台，其组织运作和活动开展过程本身蕴含着丰富的思政教育元素。在社团中，学生需要与他人合作完成共同的目标，这就要求其具备良好的团队意识和协作精神。同时，学生还需要在社团活动中承担一定的职责，这有助于培养其责任心和担当意识。

高职英语社团可以通过开展丰富多彩的活动，如英语演讲比赛、英语歌曲合唱、英语话剧表演等，为学生提供展示自我、锻炼能力的舞台。在准备和参与这些活动过程中，学生需要与社团成员密切配合、分工协作，这无疑能够增强其集体荣誉感和归属感。通过参与集体的努力，学生能够真切地感受到个人与集体的关系，认识到团结协作的重要性，进而树立起正确的集体主义价值观。

高职英语社团还可以引导学生走出校园，开展社会实践活动，如到中小学开展英语支教、为社区提供英语服务等。通过这些活动，学生能够深入社会基层，了解社情民生，在服务他人过程中升华自我，增强社会责任感。同时，学生还能在实践中检验所学知识，提高英语应用能力，为未来走向社会奠定基础。

高职英语社团在开展活动时，还应注重发挥榜样的示范引领作用。社团可以选树优秀学生典型，总结其先进事迹，激励更多学生向榜样看齐。优秀成员的言传身教，往往能够产生潜移默化的影响，带动整个社团形成积极向上、团结协作的良好氛围。

(二) 社团交流的文化传播

高职英语社团活动中的思政教育，不仅需要借助社团组织的思想引领，更应注重社团交流过程中的文化传播。英语国家的文化与中国传统文化既有差异，又有共通之处。在社团交流中，教师应引导学生深入比较两种文化，从差异中发现特色，在共同点中找到认同感，以开阔的胸襟体验多元文化的魅力。

通过开展主题鲜明的英语角活动、英语演讲比赛、英语辩论赛等，学生能够在轻松愉悦的氛围中感受英语国家的语言习惯、思维方式和价值观念。教师可以精心设计活动主题，融入中华优秀传统文化元素，引导学生用英语讲好中国故事、传播好中国声音。在讨论交流中，学生既能提升跨文化交际能力，又能加深对本国文化的理解和认同。

社团可以邀请外籍教师、留学生参与交流活动，搭建中外师生面对面交流的平台。通过与英语国家人士的真实互动，学生能够直观地感受异国文化，学会换位思考，以包容的心态看待文化差异。在交流中，学生也能更清晰地认识自身的文化特色，增强文化自信。

社团交流还应注重挖掘英语国家优秀文化中的思政元素，如英国的绅士精神、美国的开拓进取精神等，引导学生学习借鉴其中的优秀品质。同时，教师也要引导学生辨析英语国家文化中的糟粕，增强学生的文化辨识力和判断力。

三、高职英语校园文化活动中的思政实践

(一) 校园文化活动与思政教育的结合

高职英语校园文化活动在弘扬社会主义核心价值观、培养学生综合素质方面发挥着独特的作用。通过精心设计和组织英语主题演讲、英语剧表演等形式多样的校园文化活动，可以为学生提供一个实践英语语言技能、感悟中华优秀传统文化、树立正确价值观念的宝贵平台。

1. 英语主题演讲

英语主题演讲是一种富有思想性和教育意义的校园文化活动。教师可以根

据社会主义核心价值观的基本内容，设计与爱国主义、集体主义、社会主义相关的演讲主题，引导学生用英语表达对国家、社会、集体的感恩之情和责任担当。在准备演讲稿过程中，学生不仅能够提高英语写作能力，更能加深对社会主义核心价值观内涵的理解和认同。在演讲过程中，学生的语言表达能力、逻辑思辨能力、自信心和勇气也能得到锻炼和提升。同时，学生也能从演讲者的分享中获得启迪，加强价值观的塑造。

2. 英语剧表演

英语剧表演是一种寓教于乐的校园文化活动形式。教师可以选取体现中华优秀传统美德、革命传统精神或者社会主义核心价值观的英文故事素材，改编成适合学生表演的剧本。在排练和表演过程中，学生不仅能够提升英语语言综合运用能力，更能在角色扮演和故事情节中感悟人物的高尚品质，内化为自己的道德修养。对于观众而言，英语剧表演生动形象地再现富有教育意义的故事情节，润物无声地传递社会主义核心价值观，具有潜移默化的教化作用。

3. 其他活动

高职院校还可以开展英语歌曲赏析、英语诗歌朗诵、英语演讲比赛、英语辩论赛、英语征文大赛等丰富多彩的校园文化活动，创设有利于社会主义核心价值观培育的良好氛围。一方面，这些活动为学生提供了施展英语才华的广阔舞台，有利于其综合语言运用能力的提高；另一方面，通过活动主题的选择和内容的引导，可以让学生在参与活动过程中接受理想信念教育、道德品质教育和人文素养教育，自觉地把社会主义核心价值观内化于心、外化于行。

（二）校园体验与思政活动

校园文化活动作为高职英语教育的重要组成部分，在思政教育中发挥着不可替代的作用。通过精心设计和组织英语节、文化周等主题鲜明、内容丰富的校园文化活动，可以有效地将社会主义核心价值观、道德与法治教育等思政元素融入英语学习之中，实现寓教于乐、润物无声的育人效果。

1. 英语节

英语节是许多高职院校开展英语校园文化活动的重要形式。在英语节期间，学校可以组织丰富多彩的英语竞赛、表演、讲座等，不仅能够提高学生的英语应用能力，更能够引导学生在参与活动过程中接受思政教育的熏陶。例如，学校可以举办英语演讲比赛，以"践行社会主义核心价值观"为主题，鼓励学生用英语讲述身边的道德模范事迹，表达对美好品德的向往和追求。又如，学校可以邀请外教举办英语讲座，介绍英语国家的法治建设经验，引导学生加深对依法治国方略的认识和理解。通过这些寓思政教育于英语学习实践的活动设计，学生不仅能够提升英语水平，更能内化道德品质，树立正确的世界观、人生观和价值观。

2．文化周

文化周是高职院校开展跨文化交流、促进中外文化互鉴的重要平台。在文化周期间，学校可以通过英语电影赏析、英语歌曲欣赏、英语诗歌朗诵等活动，让学生沉浸式地感受英语国家的历史文化和人文精神。同时，教师还可以引导学生比较中西方文化异同，思考如何在吸收借鉴优秀外来文化的同时，坚定文化自信，弘扬中华优秀传统文化。例如，在组织学生观看反映西方社会问题的英语电影时，教师可以引导学生运用马克思主义哲学观点分析影片所反映的资本主义制度弊端，深化学生对社会主义制度优越性的认识。又如，在组织学生欣赏英语歌曲时，教师可以选取彰显中华民族优秀品质的英文歌曲，引导学生从中感悟中华民族的爱国主义精神和革命乐观主义情怀。通过创新文化周活动内容，教师能够帮助学生在跨文化交流中坚定"四个自信"，增强民族自豪感和担当民族复兴大业的使命感。

参考文献

[1] 张喜华.北京高校大学英语课程思政报告[M].北京:旅游教育出版社,2021.

[2] 富婷,曹景凯,赵品一.课程思政与英语教学研究[M].成都:电子科技大学出版社,2021.

[3] 马晓娜.课程思政融入高校英语教学的理论与实践研究[M].北京:中国纺织出版社,2023.

[4] 周照兴,何鹃,梁蔚菁.高校英语课程思政教学与实践[M].北京:中国书籍出版社,2024.

[5] 熊天添.新时代大学英语课程思政探索与实践[M].湘潭:湘潭大学出版社,2023.

[6] 雒国庆.大学英语课程思政实践探索[M].北京:九州出版社,2020.

[7] 王蜜蜜.新时代大学英语课程思政教学指南[M].长春:吉林大学出版社,2022.

[8] 严文庆.大学英语课程思政教学指南[M].上海:华东师范大学出版社,2021.

[9] 李艺美,姚银花,攀晨.陕西社科精品文库:大学英语课程思政阅读[M].西安:西北大学出版社,2022.

[10] 王淑花,潘爱琳.大学英语课程思政教学实践与反思研究[M].北京:首都经济贸易大学出版社,2022.

[11] 张红菊.英语专业课程思政教学指南[M].北京:经济科学出版社,2023.

[12] 姜帅.英语专业教学特色策略与课程思政的融入研究[M].北京:中国广播影视出版社,2023.

[13] 汪萍.课程思政下高校英语专业教学改革研究[M].长沙:湖南大学出版社,2024.

[14] 高金岭,钟京伟,彭瑞红.大学英语诵读教学改革与课程思政的目与隧[M].济南:山东大学出版社,2021.